아슬아슬 아스텍

ANGRY AZTECS
BY TERRY DEARY

This Korean language edition is published by arrangement with
Scholastic Ltd., London through Eric Yang Agency, Seoul.

앗, 이렇게 재미있는 사회·역사가!

정말
내 차례 맞나요?

아슬아슬 아스텍

테리 디어리 글 | 마틴 브라운 그림 | 서연희 옮김

주니어김영사

아슬아슬 아스텍

1판 1쇄 인쇄 | 1999. 12. 30.
개정 1판 2쇄 인쇄 | 2021. 11. 30.

테리 디어리 글 | 마틴 브라운 그림 | 서연희 옮김

발행처 김영사 | **발행인** 고세규
등록번호 제 406-2003-036호 | **등록일자** 1979. 5. 17.
주소 경기도 파주시 문발로 197(우10881)
전화 마케팅부 031-955-3100 | **편집부** 031-955-3113~20 | **팩스** 031-955-3111

값은 표지에 있습니다.
ISBN 978-89-349-9887-7 74080
ISBN 978-89-349-9797-9 (세트)

좋은 독자가 좋은 책을 만듭니다. 김영사는 독자 여러분의 의견에 항상 귀 기울이고 있습니다.
전자우편 book@gimmyoung.com | 홈페이지 www.gimmyoungjr.com

이 도서의 국립중앙도서관 출판시도서목록(CIP)은 서지정보유통지원시스템 홈페이지(http://seoji.nl.go.kr)와 국가자료공동목록시스템(http://www.nl.go.kr/kolisnet)에서 이용하실 수 있습니다. (CIP제어번호 : CIP2019031978)

어린이제품 안전특별법에 의한 표시사항

제품명 도서 **제조년월일** 2021년 11월 30일 **제조사명** 김영사 **주소** 10881 경기도 파주시 문발로 197
전화번호 031-955-3100 **제조국명** 대한민국 **⚠주의** 책 모서리에 찍히거나 책장에 베이지 않게 조심하세요.

차례

이 근처에 아스텍의 보물이 묻혀 있을지도 몰라요.

책머리에

으악! 끔찍한 역사 공부! 지겹기 그지없는 이야기와 사건, 지긋지긋한 연대와 사람들, 골치 아픈 법률과 전쟁…….

이제 드디어 혁명을 일으킬 때가 왔다. 프랑스 혁명도 아니요, 미국 혁명도 아니요, 러시아 혁명도 아닌 바로 교실의 혁명 말이다!

따분한 역사 시간은 이제 안녕!
지루한 수업은 물러가라!
지겨운 역사를 거부한다!

그런데 혁명을 일으키려면 무기가 있어야겠지? 여기 일급 비밀무기가 있다. 비밀이니까 우리끼리만 살짝 소곤거리기로 하자. 이 비밀 무기는 모든 학생들이 궁금하게 여기는 의문에 대해 명쾌한 답을 제공해 줄 것이다.

선생님이 무서워하는 것은 무엇일까?

모든 선생님이 세상에서 가장 무서워하는 것은 과연 무엇일까?

여러분의 끔찍한 발 고린내도 아니다!

형편 없는 학교 급식도 아니다!

여러분이 몰래 숨겨 둔 술병이나 이상한 잡지를 발견하는 것도 아니다!

그것은 바로…… 질문이다!

그것도 다름 아닌…… '왜?' 라는 질문이다.

의심 나면 직접 한번 시험해 보라! 평소에 지루하기로 소문난 선생님이 있다면, '왜?' 라는 무기를 써서 수업 시간 내내 그 질문만 해 보는 것이다. 마침내 선생님의 기운이 빠질 대로 빠져서 모른다는 말이 나올 때까지!

예를 들면, 이런 식으로…….

에스파냐가 아스텍을 공격했단다.
왜요?
음…… 그야 아스텍의 보물을 차지하려고 그랬지!
왜요?
어…… 저…… 보물이 탐나서 그랬을 거야, 아마.
왜요?
그건 나도 몰라!
흑흑
그만 뚝!

봤지? 이처럼 '왜?' 라는 무기는 지루하기 짝이 없는 역사 선생님을 골탕먹일 수 있다. 게다가, 그런 질문을 하다 보면 진짜 재미있는 역사 공부를 할 수도 있다. 그러니 "사람들은 왜 그런 행동을 했을까?" 라는 질문을 습관화하도록!

만약 여러분이 이 질문에 대답할 수 있다면, 다음 질문에도 대답할 수 있을 것이다. “사람들은 왜 지금 이런 행동을 하고 있을까?” 그러다 보면 결국에는 인생에서 가장 중요한 질문에도 답을 얻을 수 있다. 즉, “나는 왜 이런 행동을 할까?”라는 질문에 대해.

지금 내가 왜 이 짓을
하고 있지?

이 책은 역사 자체에 대해서는 아주 조금만 이해하게 해 줄지도 모른다. 그래도 최소한 사람들의 행동에 대해서는 아주 많은 것을 이해하게 해 줄 것이다! 물론 사람에 따라 다르겠지만…….

아스텍 역사 주욱 한번 훑어보기

좋은 소식과 나쁜 소식이 있다.

좋은 소식은 내일 당장 지구의 종말이 닥치지는 않는다는 것. 그리고 나쁜 소식은 그 종말이 2012년 12월 22일로 예정돼 있다는 것(그러니까 이 책을 빨리 읽기 바란다. 끝까지 다 읽기도 전에 지구의 종말이 온다면, 책값이 아까워서 눈을 못 감을 테니까).

종말이 오면 어떻게 죽게 될까 궁금해 하는 사람들을 위해 조금만 알려 주겠다. 그 때에는 지구에 큰 지진이 일어나 사방에서 땅이 갈라지면서 사람들을 삼켜 버릴 것이라고 한다. 운 좋게 살아 남는다 해도, 아마 지진 때문에 머리가 흔들려 지독한 두통을 앓게 될 것이다(그 때를 대비해 지금부터라도 두통약을 많이 사 두는 게 좋을걸!).

이렇게 생생한 정보를 어디서 얻었느냐고? 그 옛날 마야족 사람들이 이렇게 예언해 놓았거든. 오늘날 우리가 신문을 보고 정보를 얻는 것처럼 옛날 마야인들은 하늘의 별을 보고 지구의 종말을 예언하였다.

마야는 옛날 아메리카 대륙에서 이름을 날리던 나라였다. 그렇지만 마야인은 바퀴를 사용할 줄 몰랐다. 그 때문에 바퀴를 사용하는 사람들에게 가차없이 짓밟혀 버리고 말았다.

중앙 아메리카의 인디언 중에 또 하나 흥미로운 민족이 있는데, 그들이 바로 아스텍인이다. 그들은 지금의 멕시코 지역에서 살았는데, 유카탄 반도에 자리잡고 있던 마야의 이웃으로 이사 와 그들에게서 많은 것을 배웠다.

아스텍인은 대단한 민족이었다. 그들은 불과 수백 년 만에 멕시코에서 가장 강한 민족이 되었다. 어느 누구도 아스텍인

멕시코
테노치티틀란
테오티우아칸
텍스코코
호수
아스텍 제국
(1500년경)
마야
(800년경)
치첸이트사
유카탄 반도

에 맞서지 못했다. 누구라도 반대하면 그들은 화를 냈고, 화난 아스텍 인은 무자비했다.

마야 인에게 시간은 아주 중요했다. 마야의 신들은 시간을 주관했고, 시간은 인간의 삶을 주관했다. 그들의 시간이 어떻게 흘렀는지 볼까?

연대	멕시코	유카탄
기원전 **3114**년	다섯 번째 인간 세계가 시작된다. 그전에 네 번의 인간 세계가 있었으나, 모두 태양이 파괴해 버렸으며, 이번 세계도 역시 그렇게 될 것이다.	
기원전 **1500**년		마야인이 사냥을 그만두고, 농사를 짓기 시작한다. 또, 비슷비슷한 마을을 이루어 비슷비슷하게 살아간다(약간의 주먹다짐은 있지만, 그리 치열하지는 않다).
기원전 **1200**년	올멕족이 멕시코 동부의 주인이 된다. 이들은 곤봉과 주먹에 붙여 사용하는 무기(격투할 때 손가락에 끼우는 쇳조각과 비슷한 것)를 사용했다. 그리하여 곤봉으로 사람의 머리를 내리친 다음, 제물로 바쳤다.	

우리가 여기서 얼마나 살았지?
아주 오래.
이건 불공평해!

기원전 300년

올멕족이 갑자기 사라져 버렸다. 이들은 피라미드와 암각화, 달력을 남겼다.

기원전 200년

멕시코에 테오티우아칸이 건설된다. 이 도시에는 여러 개의 피라미드와 '죽은 자의 길'이라고 부르는 큰 도로가 있다. 이 도로의 길이는 3 km나 된다. 죽은 자가 그렇게 많다니!

마야 도시들이 번영하기 시작한다. 사제와 왕이 농민의 삶과 죽음을 좌지우지한다.

서기 150년

멕시코의 전성기가 시작된다. 테오티우아칸에서는 사람의 심장을 신에게 제물로 바친다. 1000년 후에 아스텍인이 이들의 아이디어를 모방한다.

마야에 그 어느 때보다도 크고 화려한 신전들이 건설된다.

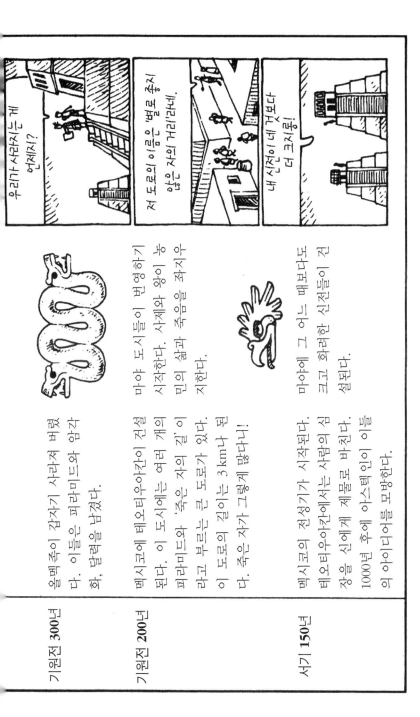

우리가 사라지는 게 언제지?
저 도로의 이름은 '별로 좋지 않은 자의 거리'라네.
내 신전이 네 것보다 더 크지롱!

연대	멕시코	유카탄
300년	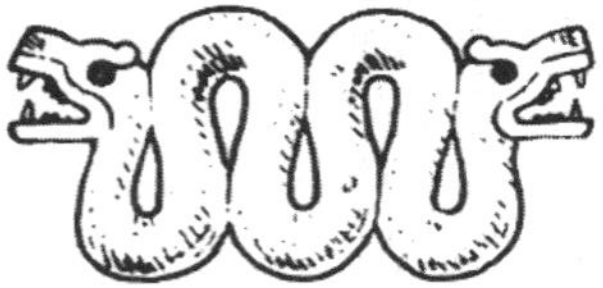	마야의 최전성기가 시작됨. 거대한 피라미드들이 세워지고, 잔혹한 의식이 행해진다.
600년	테오티우아칸이 파괴된다. 누가, 왜 그랬는지는 알 수 없다. 멕시코에는 이미 많은 민족들과 도시들이 생겨났다.	
850년	톨텍 족이 멕시코에 정착한다. 이들은 건축과 미술에 뛰어난 사람들로서, 이집트의 피라미드만큼 큰 피라미드를 세우고, 금속 도구도 사용한다. 그래서 중앙 아메리카의 석기 시대는 끝났지만, 아직도 바퀴는 사용되지 않는다.	마야의 도시들은 텅 빈 채 버려진다. 왜냐고? 그야 모르지! 공룡의 멸종처럼 정확한 이유는 아무도 모른다! 

마야 인이라는 게 자랑스러워.
제가 안 그랬어요! 진짜예요!
우리는 왜 멸종된 거야?
?
이유가 뭘까?

1200년

이제 톨텍족이 멸망한다. 그들의 수도인 툴라도 폐허로 변한다. 북방에 살던 민족들이 멕시코로 이주해 온다.

마야인은 작은 마을을 이루어 농사를 지으며 단순하게 살아간다.

농사짓기가 단순하다고?
그럼 직접 한번 해 봐!
늦어서 죄송합니다.
그래도 내 집이 최고지.

1300년

가장 늦게 이주해 온 북방 민족이 바로 아스텍이다. 그들은 싸움에 아주 능했다. 한동안 콜우아칸에 살던 톨텍족의 노예처럼 살던 아스텍인은 그만 톨텍족의 공주를 살해한다(그녀를 전쟁의 여신으로 삼으려고 그랬다나?). 그래서 그들은 마을에서 쫓겨나 늪지의 섬에서 살게 된다. 그렇지만 그 기간은 길지 않다.

연대	멕시코	유카탄
1345년	아스텍 인이 테노치티틀란(지금의 멕시코시티)이라는 새 수도를 만든다.	
1367년	아스텍 인이 테파넥 왕국의 용병이 되어 계곡의 영토를 정복한다.	
1375년	아스텍 인은 이제 스스로 왕을 뽑기로 결심한다.	
1427년	아스텍은 더욱 막강해진다. 테파넥의 군주들은 아스텍 인을 없애려고 했지만, 도리어 아스텍의 역습을 받아 정복당한다.	
1492년	크리스토퍼 콜럼버스가 아메리카 대륙에 도착한다. 이 때부터 아스텍 인의 삶은 이전과는 사뭇 다른 고난의 길로 접어든다.	

저 계곡은 이제 당신들 것이오!
훌륭해!
아스텍 인에게 역습을 당했습니다!
이제 이 곳도 크게 달라지겠어.

1519년 에스파냐의 정복자 에르난 코르테스가 찾아오자, 아스텍의 왕 몬테수마는 그를 신으로 받들어 섬긴다.

1521년 에르난 코르테스가 아스텍을 정복한다. 정복에 나선 지 겨우 2년 만에.

마야에 최초로 온 에스파냐 인의 목적은 황금을 찾는 데 있었다. 그들은 금을 찾기는커녕 마야 전사들에게 살해된다. 그러나 에스파냐 인은 다시 올 것이다.

1542년 에스파냐 군대는 마야의 대부분을 정복했지만, 정글에 사는 부족들 때문에 그 후 수백 년 동안 골머리를 앓는다.

1696년 선교사들이 최후까지 남은 자유로운 부족들을 찾아가지만, 그들은 제물로 바쳐진다!

1901년 멕시코 인이 남아 있던 마야 부족들을 정복한다. 마야 인들은 한때 주인이었던 그 땅에서 농부로 살아간다.

오, 하느님! 나더러 하느님이래!
출세했군.
하느님!
친구들, 우리 대화로 해결하자고!
마야인이라는 게 후회스러워.

의문투성이 마야 문명

어느 민족이나 흥망성쇠의 과정을 거친다. 마치 풍선처럼 처음에는 커지고 또 커지고 계속 커지다가, 어느 순간에 펑 하고 눈깜짝할 사이에 사라진다.

중앙 아메리카에서 가장 먼저 융성했던 민족은 올멕족이다(일부 고고학자들은 올멕보다 마야가 먼저 등장했다고 믿고 있지만, 설령 그렇다 해도 대세에 지장은 없으니 그냥 보도록). 올멕족의 다양한 문화는 훗날 마야와 아스텍 문명의 모체가 된다. 예를 들면, 격렬한 구기 경기를 할 수 있는 경기장, 신과 왕의 조각상, 피라미드 신전, 그리고 사람을 잡아먹는 고약한 관습 등등……. 그러다가 올멕족은 어느 한순간에 사라져 버렸다(혹시 서로 잡아먹다가 멸망한 건 아닐까? 설마!).

먹을 만한 사람이 있나 찾으러 나감.
곧 돌아오겠다고 쓰여 있군 그래.

멕시코 남부의 마야족은 과거 올멕족이 살던 곳에 올멕족이 세운 것보다 훨씬 큰 피라미드를 짓고, 더 많은 사람들을 희생시켜 제물로 삼았다. 수천 년 동안 마야인은 그 지역에서 가장 지혜롭고 강한 민족으로 군림해 왔다. 그러나 서기 900년에 사람들은 별안간 거대한 피라미드가 즐비한 도시를 버리고 떠난다. 화려했던 도시는 오랜 시간이 흘러 울창한 정글로 뒤덮이고 말았다. 이렇게 해서 도시는 사라지고, 그 후 마야인은 농사를 지으며 살았다.

멕시코 북쪽의 테오티우아칸에 살던 주민들은 올멕과 마야의 독특한 생활 방식을 이어받아 살다가(이들 역시 펑 하고 사라져 버렸다) 그것을 톨텍족에게 물려주었다(톨텍족 역시 펑 하고 사라져 버렸다).

어느 멕시코 민족 하나가
또 사라지는군.
펑!

이 지역에 마지막으로 정착한 민족이 아스텍인이다. 이들은 톨텍의 문화와 관습을 그대로 물려받아 고대 멕시코 역사상 가장 위대한 문명을 세웠다. 그러니까 아스텍을 이해하려면 먼저 마야를 알아야 한다.

(참고로 말해 두는데, 아스텍인은 다른 민족처럼 어느 날 갑자기 사라진 게 아니라, 유럽인에게 정복당해 멸망하였다. 자세한 것은 뒤에 나올 것이다.)

마야의 미스터리 1

마야에 얽힌 미스터리는 두 가지가 있다. 마야인은 어디서 왔는가? 그리고 어디로 사라졌는가?

과연 마야인은 어디서 왔을까? 그들은 아시아와 아메리카가 얼어붙은 바다로 연결돼 있었을 때, 아시아에서 알래스카를 거쳐 지금의 북아메리카로 건너온 것으로 생각된다(그 때가 5만 년 전이라고 주장하는 학자도 있고, 1만 2,000년 전이라고 주장하는 학자도 있지만, 어느 쪽을 믿든지 그것은 여러분 마음이다! 어차피 우리에겐 연대가 중요한 것은 아니니까).

동굴에서 살았던 아시아인들처럼 마야인도 석기를 만들고 사냥을 했다. 그러다가 약 3,500년 전부터 점차 한 곳에 정착해 곡식을 재배하고, 마을을 이루었다.

마야인은 많은 신에게 비를 내리고 곡식을 잘 자라게 해 달라는 기도를 올렸다. 그러다가 그들은 특별히 기도를 잘 하는 사람을 사제로 삼았다. 사제가 되면, 들에 나가 힘든 일을 하지 않아도 되었다. 농부가 농사를 짓는 동안 사제는 기도를 올리고 달력을 만들었다. 달력이 왜 중요하느냐고? 달력이 있어야 언제 씨를 뿌리고, 언제 비가 오는지 알 수 있지!

달력은 큰 인기를 끌었다. 사제들은 비가 오면 "우리 기도 덕분이오!"라고 했고, 비가 오지 않으면 "사람들이 죄를 많이 지어서 신이 노했기 때문이오"라고 둘러 댔다. 어쨌거나 그들은 큰 존경을 받았고, 사람들은 농사일까지 뒷전으로 미루면서 사제에게 웅장하고 훌륭한 신전을 지어 바쳤다. 제단을 높이 쌓을수록 하늘에 더 가까이 갈 수 있다고 믿었으니까.

이렇게 하나 둘씩 쌓은 제단은 마침내 큰 피라미드 단지를 이루었다. 그 후, 그러니까 지금부터 약 1,700년 전에 마야인은 옛 피라미드 주변에 계속해서 새 피라미드를 지어 점점 하

우리 집 거실에
딱 어울리겠어요, 여보.

늘에 가까워졌다. 오늘날 피라미드는 더 이상 신전이 아니지만, 변함없이 옛 마야를 지키고 서 있다. 관광객의 발에 짓밟히고 망가지면서도…….

그러니까 사냥꾼이 농부가 되고, 농부가 사제가 되었다. 아주 간단하다고? 전혀 그렇지 않다.

어떤 똑똑한 사람들이 피라미드와 원주민 농부들을 보고 이렇게 말했다. "이렇게 미개한 사람들이 저런 피라미드를 만들었을 리가 없다!"

"그렇다면 누가 만들었을까?" 그들은 반문했다(원래 똑똑한 사람들은 자기에게 묻기를 잘 한다). 그리고 결론을 내렸다.

"피라미드를 만든 사람은 이집트 인이다! 콜럼버스가 멕시코에 상륙하기 2,000년 전에 이미 이집트 인이 배를 타고 대서양을 건너온 게 분명해!"

그러나 현명한 역사학자들의 생각은 다르다. "말도 안 되는 소리! 이집트 인은 남아메리카에 오지 않았어."

그런데 1996년 9월 1일자 신문에 충격적인 기사가 실렸다!

파라오는 마약 밀매상이었나?

이집트의 미라 안에서 코카인과 담배의 흔적이 발견되었다. 학자들은 이 발견에 당황하고 있다. 파라오는 어떻게 3,000년 뒤에나 아메리카에서 발견되는 마약을 알고 있었을까?

연구 결과, 콜럼버스가 대서양을 건너기 훨씬 이전에 이집트 인은 아메리카와 무역을 하고 있었던 것으로 추정되었다. 이번에 발견된 것은 이집트 인이 담배를 피웠고, 코카 잎을 씹었다는 최초의 증거이다.

독일 과학자 스베틀라 발라바노바는 영국과 독일의 박물관에 보관된 미라를 연구하던 중에 믿을 수 없는 결과를 얻었다. 처음에는 "분명 뭔가 착오가 있었을 거야"라고 생각했지만, 여러 차례의 실험 결과는 마찬가지였다.

맨체스터 박물관의 한 이집트 학자는 이렇게 말했다.

"이집트와 아메리카가 서로 교역한 증거가 없다고 믿었던 기존의 주장은 이번 연구로 무너지고 말았다."

3,000년이나 된 미라의 머리카락에서 비단이 발견된 것은 이집트 인이 전세계에 걸쳐 교역을 했다는 주장을 뒷받침한다. 코카인은 남아메리카의 코카나무에서만 나오는 것이다.

아, 그랬구나! 정말 대단한 미스터리로군. 그렇다면 마야 인과 이집트 인은 같은 민족일지도 모른다!

잠깐! 흥분하기에는 아직 이르다. 서로 차이점이 있거든.

- 이집트의 피라미드는 일정한 크기의 돌을 정교하게 깎은 다음에 쌓아올린 것이다. 이 피라미드를 짓기 위해 상상할 수도 없을 만큼 많은 인력이 동원되었다.
- 마야의 피라미드는 겉면이 돌처럼 보이지만, 모래와 자갈을 섞어 쌓은 것으로, 꼭대기에는 제단이 있다. 제사를 지내는 신전으로 사용되었고, 그다지 고도의 기술이 필요한 것 같지는 않다.

한편, 마야 인의 유래에 관한 추측은 여러 가지가 있다.

- 아일랜드 인—아일랜드 인은 남아메리카가 원산지인 감자를 즐겨 먹는 것으로 유명하다. 어쩌면 아일랜드 인 선조들이 너무나 좋아하는 감자를 찾아 건너왔다가 마야에 정착

한 것은 아닐까?

- 바이킹—역사학자들의 지지를 가장 많이 받는 이론인데, 바이킹은 콜럼버스 이전에 남아메리카에 도착했다.
- 노아의 방주에서 살아남은 사람들—왜냐고? 일부 주장에 따르면, 그 방주가 아메리카에서 만들어졌다고 한다.

동물들이 제대로
다 탔는지 확인해 봐.

- 트로이를 정복한 그리스인 생존자들—아마도 목마를 타고 대서양을 유유히 건너오지 않았을까?

목마를 물가로 데려올
순 있어도, 가라앉히지는
못하지롱!

- 알렉산드로스 대왕의 그리스 선원들—지중해에서 왼쪽이 아닌 오른쪽으로 항해하는 바람에 엉뚱한 곳으로 갔다?
- 중국인—집으로 돌아가다가 일본 왼쪽으로 가야 할 것을 실수로 오른쪽으로 가는 바람에 그만 태평양을 건넜다?

마야의 피라미드에 관해 검토해 볼 만한 또다른 주장이 있다. 1960년대에 스위스의 한 작가가 쓴 책을 보면, 마야의 피라미드는 인간의 솜씨가 아니라고 한다. 그러면 누구란 말인가? 바로 외계인! 외계인이 우주선을 착륙시키기 위해 피라미드 제단을 만들었다는 것. 물론 허무맹랑한 소리로 들릴 수도 있지만, 어쨌든 책은 많이 팔렸다니 다행이군!

끔찍한 관습

마야인이 지중해에서 건너왔건 화성에서 떨어졌건 간에,

중요한 것은 그들이 과연 친하게 사귈 만한 사람인가 아닌가 하는 것이다.

그러니 이제 마야인의 괴상한 관습들을 살펴보자.

불쌍한 마야 어린이

마야의 어린이는 고달팠다. 다음을 읽고 나면, 마야 시대에 태어나지 않길 잘 했다고 생각하게 될걸?

1. 마야의 도시에는 우물이 두 개 있었다. 하나는 식수용이고, 다른 하나는 신과 대화하는 통로였다. 마야인은 이른 새벽에 여자 아이를 20 m도 넘는 우물에 던져 넣고는, 오후가 되면 여자 아이를 건져서 "신들이 네게 무슨 말씀을 하셨니?" 하고 물었다. 그들은 여자 아이의 말을 무조건 믿었다(물론 대개는 익사할 가능성이 높았다. 과연 신의 계시를 정확히 전달한 여자 아이가 몇이나 있을까 의심스럽다).

2. 마야인은 아기가 태어나면 사흘 동안 아기와 산모를 돌보지 않고 그냥 내버려 두었다. 그래야 사악한 악령들이 아기가 태어난 것을 눈치채지 못한다고 믿었기 때문이다. 뿐만 아니라, 산모는 영혼이 빠져 나가지 못하도록 아기의 손목과 발목

을 끈으로 꽁꽁 묶었다. 손발을 묶어 놓고 모른 척하다니! 아무리 무서운 선생님도 이런 식으로 벌주지는 않을 것이다.

3. 마야인은 머리가 넓적했다. 그러나 마야의 귀족들은 자기 아이만큼은 남들과 달라 보이길 원했다. 그래서 그들은 아이의 머리를 좁고 길쭉하게 만들었다. 어떻게 했느냐고? 간단하지! 아기가 태어나면 그 즉시 머리의 양쪽에 나무 판자를 대고 묶은 다음, 2년 동안 풀지 않는다. 그 동안 아기들은 불쌍하게도 계속 누워 있어야 한다. 마음까지 꽁꽁 묶인 채 말이다.

4. 이렇게 하면 나중에 머리 모양이 달라져서 길쭉한 달걀형에다가 뒤통수가 툭 튀어나오게 된다. 고고학자들은 이렇게 기형적인 두개골에서 올바른 사고 능력이 나왔을지 의문을 품었다. 그러나 마야인의 생각은 또렷했으며, 특히 사제들은 비록 달걀 머리일망정 아주 영리했다.

5. 마야 시대에는 사팔눈일수록 예쁜 아이였다! 어떻게 사팔눈을 만들었을까? 머리에 붙여 놓은 판자(또는 이마 앞의 머리카락)에 밀랍 덩어리를 매단 다음, 그것을 코 앞에서 달랑거리게 했다.

6. 마야인은 아이들에게 말벌 집을 주워 오도록 시켰다. 이 벌집에는 말벌 애벌레가 잔뜩 들어 있다. 벌집을 불 위에 올려놓으면 애벌레가 밖으로 기어나오는데, 어른들은 따끈따끈한 애벌레를 마치 갓 튀겨 낸 팝콘처럼 맛있게 먹었다.

7. 남자 아이는 일정한 나이가 되면 물고기 잡는 법을 배웠다. 마야인은 아주 똑똑했다. 흐르는 시냇물을 둑으로 막고, 물속에 약을 풀어서 물고기를 기절시킨 다음, 물고기가 수면으로 떠오르면 가서 주워 왔다고 한다.

8. 아이가 죽으면 어머니는 자신의 손가락 마디 하나를 잘라 아이와 함께 묻었다. 만약 불쌍하게도 열 명의 아이를 잃은 엄마가 있다면? 평생 손톱 깎을 일은 없겠지!

9. 아이들은 신에게 피를 바치는 의식이 얼마나 중요한지 배웠다. 만약 적을 사로잡아 제물로 바치지 못하면, 대신 자신의 피를 뽑아 여러 신에게 바쳐야 했다. 피를 뽑을 때에는 가시처럼 생긴 가오리 꼬리뼈로 찔렀다. 큰 축제 때 마야인은 귀와 팔꿈치에서 피를 뽑았다. 심지어 남자 아이의 경우에는 소중한 ××(어딘지 알지?)에서도 피를 뽑았다! 으악! 여자 아이는 혀에 구멍을 뚫고, 그 속에 가시가 달린 줄을 꿰었다. 꺄악!

10. 마야인은 아주 어릴 때부터 아이의 귀와 코, 입술에 구멍을 뚫어 주었다. 그리고 아이가 자라면 구멍에 장신구를 달아 주었다. 바람이 불 때마다 장신구를 달아 놓은 구멍에서 백파이프 소리가 난다나!

마치 마야 고양이의 귀를 뚫을 때 고양이가 지르는 소리 같소!
고맙구려.

★ **요건 몰랐을걸!**

마야에서는 남자가 남의 아내를 데리고 도망치는 것은 큰 죄였다. 만약 잡히기라도 하면 화가 난 남편은 자기 아내를 훔친 벌로 그 남자를 죽일 수도 있었다. 방법도 끔찍해서 반드시 남자의 머리에 돌을 떨어뜨려 죽였다고 한다!

마야의 거짓말

고대 마야의 도시 치첸이트사에는 800 m가 넘는 돌길이 있었다. 그 길의 끝에는 커다란 물 웅덩이가 있는데, 깊이는 무려 20 m나 되었다.

웅덩이 근처에 사원이 하나 있는데, 벽에는 올빼미 그림이 새겨져 있다. 그 사원을 '올빼미 사원' 이라고 부른다(왜 올빼미 사원이라 부르는지는 선생님도 알겠지?).

글쎄…

전해 오는 이야기에 따르면, 수많은 어린 소녀들이 금성에 바치는 제물이 되어 이 커다란 웅덩이에 빠져 죽었다고 한다.

그러나 과학자들이 웅덩이 바닥에서 건져 올린 수십 개의 해골을 검사한 결과, 반 이상이 늙은 사람의 해골로 밝혀졌다(마야인의 의식을 흉내낸다고 동네 풀장에 할머니를 빠뜨리는 일은 없도록!).

어린 여자 아이를 제물로 삼았다는 이야기는 과장된 듯하다. 그러니까 책에 나오는 이야기라고 해서 무조건 다 믿어서는 안 된다. 물론 이 책은 빼고!

★ 요건 몰랐을걸!

올빼미 사원에 가면 인간을 산 제물로 바쳤다는 이야기가 벽화로 남아 있다. 그런데 그 곳을 찾는 관광객들이 병을 던져 벽화를 맞히는 어처구니없는 장난을 즐긴 탓에 지금은 거의 모두 훼손되어 버렸다. 후손에게 물려주어야 할 귀중한 벽화를 이렇게 훼손시킨 사람들이야말로 진작에 웅덩이에 던져 버렸어야 하는 건데!

마야의 수학

마야인이 만든 달력은 아주 정확해서 중앙 아메리카의 여러 나라가 수천 년 동안 이 달력을 사용해 왔다. 게다가, 마야인은 독특한 상형 문자와 기수법까지 가지고 있었다.

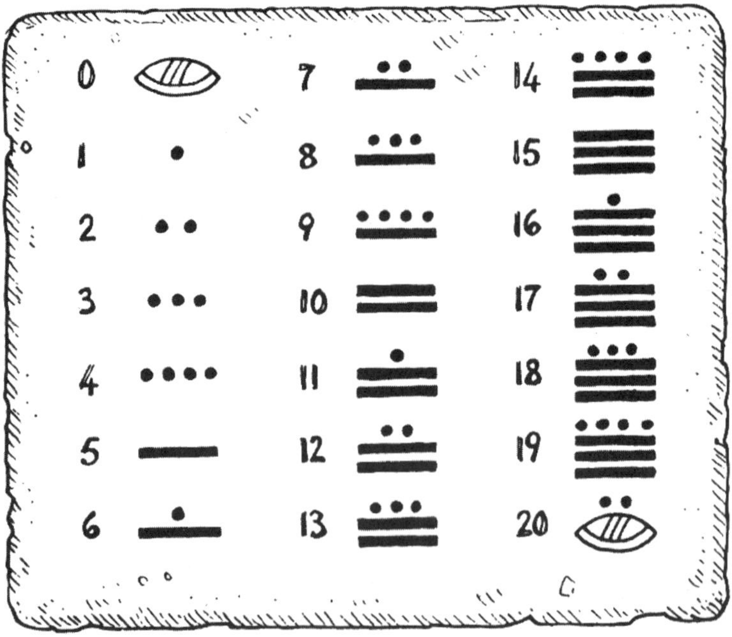
0
1
2
3
4
5
6
7
8
9
10
11
12
13
14
15
16
17
18
19
20

마야의 숫자들을 잘 외워 두었다가 친구들한테 뽐내 보자. 아주 쉽다. 점은 1이고, 작대기는 5이다. 점이 4개면 4, 작대기 3개는 15, 점 1개와 작대기 2개는 11. 알겠지? 그리고 조개 모양은 0을 뜻한다.

이제 여러분의 실력은 마야 시대의 수학자와 같아졌다. 그렇다면 다음 계산 중에 틀린 것은 어느 것일까?

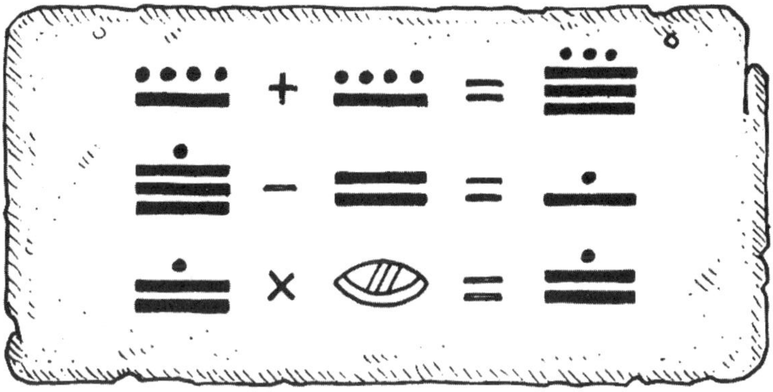

답 : 식은죽 먹기지? 정답은 세 번째. 직접 계산을 해 보면 금방 알 수 있다. 문제들을 아라비아 숫자로 바꾸면 이렇게 된다. 9 + 9 = 18, 16 − 10 = 6, 11 × 0 = 11. 11 × 0 = 0이므로 세 번째가 틀렸다.

훗날 아스텍 인도 이 방법을 사용하여 남에게 꾸어 준 돈의 액수를 계산했다. 마야 숫자의 도움으로 아스텍 인은 빚을 칼같이 받아 냈다(이 과정에서 진짜 칼을 쓰기도 했지만).

★ 요건 몰랐을걸!

마야 지역의 기후는 덥고 습기가 많다. 심지어 건기일 때에도 대기 중의 습도가 굉장히 높다. 식물이 자라는 데에는 최적의 조건이지만, 외국에서 온 관광객들은 견디기 힘들다. 게다가, 이런 기후는 또 다른 문제를 낳기도 한다. 고대 마야 도시의 유적을 조사하던 어느 고고학자는 귀에 이상을 느꼈다. 참다못해 결국 의사를 찾았더니, 귓속에 작은 버섯 몇 개가 깊이 뿌리를 내리고 자라는 중이었다고 한다!

마야의 미스터리 2

이렇게 잘 나가던 민족에게 도대체 무슨 일이 일어났던 것일까? 900년경만 해도 마야인은 거대한 피라미드들이 들어서 있는 멋진 도시에서 살고 있었다. 그런데 그로부터 100년 후, 농촌의 농민들은 그대로 살았으나, 도시 사람들은 도시를 버리고 떠나고 말았다.

다음 중 사람들이 도시를 버린 이유로 학자들이 제기한 것은 어떤 것들일까?

1. 마야의 지배층은 보통 사람들에 비해 심장 기능이 좋지 않았다. 그들은 아주 게을렀기 때문에 심장 박동이 느려졌고, 점점 건강이 나빠져 결국 죽게 되었다. 그래서 지도자를 잃은 도시의 백성들은 뿔뿔이 흩어지게 되었다. 반면에, 농부들은 부지런히 일했기 때문에 계속 살아남을 수 있었다.

힘들게 일하는 모습은 아무리
오래 봐도 싫증나지 않는단 말이야.

2. 마야인은 거름이라는 것을 몰랐다. 그래서 땅은 점점 메말라 갔고, 곡식이 제대로 자라지 못했다. 식량이 부족해지자, 사람들은 농사 지을 새 땅을 찾아 도시를 버리고 떠났다.

3. 큰 지진이 일어났다. 사람들은 지진을 신이 내린 벌이라고 생각했다. 도시가 붕괴될 위험에 처하자, 모두 도망가고 말았다. 그리고는 다시는 돌아오지 않았다.

4. 멕시코 북방 민족이 마야를 침략하였다. 침략자들은 부유층의 재물을 약탈하고, 그들을 처형하거나 노예로 삼았다.

5. 농부들은 사제들의 생계를 떠맡아야 했다. 사제들은 일도 하지 않고 많은 곡식을 세금으로 거둬들였다. 그래서 농부들은 도시로 쳐들어가 지배자들을 쓸어 버리고, 다시 시골로 돌아갔다.

6. 무서운 전염병이 돌았다. 유럽에서도 페스트가 번졌을 때, 사람들은 병든 도시를 떠나 공기가 깨끗한 시골을 찾아 떠났다. 마야인도 그러한 이유로 도시를 영원히 떠났을 것이다.

> **답** : 모두 다 지금까지 그럴 듯하게 제기된 가설들이다. 그러나 모두 틀린 이야기일 수도 있다! 어쩌면 외계인이 마야를 통치하다가 어느 날 고향이 그리워져서 자기 별로 돌아가 버렸을 수도 있다. 지도자를 잃은 미개한 마야인은 도시를 등질 수밖에! 그러나 아직까지 진짜 이유를 아는 사람은 없다. 그저 또 하나의 미스터리로 남아 있을 뿐.

신에게 바치는 선물

마야가 멸망한 것은 천벌을 받은 것인지도 모른다. 그들은 산 사람을 제물로 바치는 끔찍한 관습을 만들었기 때문이다. 마야인은 신들을 위로하기 위해 전쟁 포로를 제물로 바쳤다. 농부들은 잡아다 노예로 삼았지만, 지배층은 신에게 바치는 훌륭한 제물이 되었다.

산 사람 제물을 바치는 제사는 어디서나 치를 수 있었지만, 대개는 피라미드 신전의 맨 꼭대기에 있는 제단에서 치렀다.

희생자들은 제사가 시작되기 전까지 우리 안에 가둬 두었다. 마야 도시의 어느 벽화에는 마야인이 손톱을 뽑으며 죄수를 고문하는 그림이 그려져 있다!

산 제물의 가슴을 쪼개 가슴을 열고 심장을 들어 낸다. 희생자가 쓰러지면, 옆에서 기다리고 있던 사제가 희생자의 살가죽을 벗겨 뒤집어 쓰고는 춤을 춘다.

제물로 바쳐진 시신은 모두 먹어 치운다. 이렇게 해야 죽은 자의 정기가 자기들에게 들어온다고 믿었다.

그게 사실이라고 해 보자! 그렇다면 만약 쇠고기를 먹으면 황소의 정기를 받아 힘이 세질 것이다! 만약 엄마가 돼지고기 요리를 해 주셨다면, 그것은 우리 방을 돼지 우리처럼 어질러도 된다는 뜻이다. 또, 닭을 먹으면 우리의 두뇌는 닭 대가리로 변할 테고, 생선을 먹으면 교내 수영 대회에서 일 등 하는 것은 식은죽 먹기가 되겠지! 아, 참! 선생님이 매일같이 "으르렁! 요 녀석들!" 하고 소리를 지르는 건 혹시 개고기를 드셨기 때문이 아닐까?

따라서, 희생자가 용감하고 신분이 높을수록 훌륭한 제물이 되는 것은 당연한 일!

마야의 이러한 종교 관습은 멕시코 전역으로 퍼져 나갔으며, 그 때문에 수백만 명이 목숨을 잃었다. 1696년까지도 마야인이 이방인 선교사를 산 제물로 바치는 일이 일어났다.

노예들의 고통

죽지 않고 노예가 된 농부도 형편은 별로 나을 것이 없었다. 노예는 지위가 높은 사람을 주인으로 모시다가, 주인이 죽으면 함께 매장되었기 때문이다. 다음 세상에 가서도 그 주인을 잘 섬기라는 뜻이었다.

마야의 도시들이 버려진 후에도, 주인이 죽을 때 하인들을 함께 매장하는 풍습은 오랫동안 지속되었다.

무시무시한 타라스코족의 예를 살펴보자. 천하의 아스텍인도 중앙 아메리카를 완전히 정복하지는 못했다. 아니, 그보다는 사나운 타라스코족은 처음부터 건드리지 않았다고 봐야 할 것이다. 타라스코족은 탄탄한 조직과 아스텍의 공격을 막아 낼 만큼 튼튼한 요새를 갖추고 있었다.

그들은 아스텍인에 못지않게 잔혹했다. 왕이 죽으면 궁궐에 살던 하인들도 함께 묻었다. 그래야 왕이 환생할 때 불편없이 시중을 받을 수 있다는 생각에서였다. 왕과 함께 매장되는 하인들의 직책은 아래와 같다.

피가 철철
모두들
소지품은 잘 챙겼겠지?

- 궁중 요리사
  —칼을 가져갔다.
- 왕의 포도주를 담그는 사람—술병을 가져갔다.
- 왕의 변기를 관리하는 사람—
  왕이 죽을 때 오줌을 뒤집어 썼을 게다.
- 황금과 터키석으로 만든 왕의 입술 장신구를 관리하는 사람—금박을 입힌 물건을 가져갔다.
- 남자 하인 40명—왕의 목숨을 앗아 간 병을 고치지 못한 죄로 의사도 여기에 포함되었다(나머지 39명은 의사를 포함시켜야 마땅하다고 생각했겠지).

사람 잡는 치료법

다음 번에 치과에 갈 기회가 있다면 행복한 줄 알아라. 마야 시대에는 이가 아파도 변변한 치료를 받지 못했다. 마야 시대의 치료라는 것이 어느 정도로 형편 없었느냐 하면…….

이가 부러졌을 때

화덕에 달라붙어 있는 숯 덩어리를 잘게 부숴 솜으로 싼다. 그 솜을 이 사이에 끼우면 통증이 사라진다. 악어 이빨을 뽑아 그것으로 생선 껍질을 으깨는 방법도 있다. 으깬 생선 껍질을 솜에다 싸서 부러진 이에 끼우면 통증이 멎는다.

이를 뽑을 때

목덜미가 노란색인 이구아나를 사용한다. 이구아나를 꽁꽁 묶어 접시 위에 올려놓고 재가 될 때까지 태운다. 이구아나의 재를 이에 문지른 다음, 집게를 사용하면 아프지 않게 뽑을 수 있다. 먼저 개의 이빨을 시험삼아 뽑아 본 다음에 이 방법을 사용하는 게 좋을 것이다.

마야인은 미신에 깊이 젖어 있었다. 가령 이가 부러지는 꿈을 꾸면 무서운 저주가 내릴 징조로, 가족 중 한 사람이 반드시 죽는다고 믿었다.

무슨 일이든 화요일이나 금요일에 시작하는 것은 불길하다고 믿었으며, 곡식의 씨를 뿌리는 날이나 결혼식, 도박을 하는 날은 월요일과 토요일이 가장 길하다고 여겼다.

병을 치료하는 주술사도 미신을 믿었다. 온몸이 쑤실 정도로 재채기를 심하게 하는 사람에게 주술사는 이런 처방을 내렸다. 오렌지 잎을 한 줌 따서 삶는다. 그 삶은 물을 두 발과 온몸에 바른다(궁금한 사람은 재채기가 나올 때 오렌지 즙에 발을 담가 보라. 쓰고 남은 오렌지 즙은 버리기 아까우니까 학교에 가져가서 평소 얄미웠던 녀석에게 마시라고 준다!).

마야의 치료법

설사 지금 당장 죽어 가고 있다 하더라도, 과연 여러분은 다음 방법을 써 보고 싶은 생각이 들까?

1. 새의 지방을 먹는다.
2. 뱀에 물렸을 땐 담배를 피운다.
3. 지렁이를 삼킨다.
4. 박쥐 날개를 먹는다.
5. 박쥐를 꿀에 재워 술을 만들어 마신다.
6. 산 두꺼비를 술에 담가 마신다.
7. 딱따구리의 부리를 삼킨다.
8. 맥이라는 동물의 똥을 말려서 먹는다.
9. 수평아리의 깃털을 뜯어먹는다.

마야의 의학서에는 "모든 방법이 통하지 않을 때에는 환자의 신발에다 오줌을 눈 다음, 그것을 먹인다"라고 적혀 있다.

마야인은 이런 식으로 병을 치료했다. 그러니 앞으로는 쓴 약도 투덜대지 말고 감사하게 받아 먹을 것.

★ 요건 몰랐을걸!

마야인이 살던 곳은 오늘날 유카탄 반도라고 부르는 멕시코의 남동부 지역이다. 그런데 유카탄이란 이름은 어디서 나왔을까? 다음은 실제로 있었던 이야기라고 한다.

이 곳 지명이 뭐지?
시-우-탄?
유카탄이라고? 고마워!
시우탄은 무슨 말인지 모르겠다는 뜻인데!

오늘날의 마야

900년경에 마야의 모든 도시들이 황폐하게 버려진 이후로 마야인은 멕시코 남동부 지역으로 옮겨 가 살았다. 그러나 그들은 가혹한 역사의 흐름 속에서 여러 차례 끔찍한 비극을 겪어야 했다.

1970년대에는 테러 분자들이 마야족의 마을을 침략했다. 그리고 힘없는 농부들의 식량과 집을 빼앗았다. 멕시코 정부군이 테러 분자들에게 공격을 감행했지만, 큰 피해를 입은 것은 오히려 마야족이었다. 최소한 20만 명이 죽거나 실종되었고, 살아 남은 사람들은 멕시코의 난민촌으로 강제 이주를 당했다.

마야족이 애써 가꾼 농장도 전부 파괴되었다. 농장 지대는 미국인이 먹는 햄버거용 쇠고기를 공급하기 위한 대규모 목장으로 탈바꿈했다.

마야족은 전통 종교를 계속 믿으려고 했지만, 기독교로 개종하는 사람들이 점점 늘어났다. 옛날에 지은 신전들은 관광객들로 만원을 이루고 있어 어차피 신들에게 제사를 올릴 수도 없는 형편이었다!

현재 마야족의 수는 증가하고 있다. 이들은 언젠가 새로운 왕이 나타나 과거의 치첸이트사를 다시 일으킬 것이라는 희망 속에서 살고 있다. 미래의 왕이 나타나면 잠들어 있던 수천 명의 마야 용사들도 모두 눈을 뜰 것이다. 깃털 달린 돌뱀도 살아나 큰 싸움에서 마야 용사들을 이끌 것이다.

그 때가 오기 전에 관광객들은 일찌감치 사진기를 챙겨 신전을 떠나는 게 좋을 것이다!

아스텍 인은 아무도 못 말려

아스텍 인은 처음에 자신들을 '멕시카(Mexica)' 라고 불렀다. 그들은 멕시코 북부에 살다가 1200년대에 남쪽으로 거주지를 옮긴 것으로 보인다.

전해 오는 이야기에 따르면, 아스텍 인은 신의 나무에서 과일을 따 먹는 바람에 신의 노여움을 샀다. 그 벌로 그들은 중앙 아메리카를 방랑하는 신세가 되었다. 그러다가 1300년대 초에 멕시코에서 비옥한 골짜기를 발견했는데, 그 곳 원주민은 아스텍 인을 가리켜 '낯선 사람들' 이라고 불렀다.

정처 없이 떠돌던 아스텍 인은 쿨우아칸에 살던 톨텍 족과의 싸움에서 패해 전멸할 지경에 이르렀다. 살아 남은 아스텍 인은 노예가 되었다. 그러나 그것으로 안심이 안 된 톨텍 족장은 전쟁 때 아스텍 인을 앞에 내세워 희생시키기로 마음먹었다.

그러나 아스텍 인은 죽지 않고 살아서 돌아왔다. 놀란 톨텍 족장은 이렇게 말했다. "겁이 나서 도망쳐 온 게로군!"

그러자 아스텍 전사들은 주머니에서 사람의 귀를 꺼내 족장의 발 앞에 산더미처럼 쏟아 놓았다. 그리고는 이렇게 말했다. "우리가 죽인 적의 귀입니다. 우리가 이겼어요!"

오늘이
귀 빠진 날인가?

아스텍 인이 방랑 생활을 한 것은 사실이다. 그러나 그 기간에 일어난 일들은 대부분 전설일 뿐이다. 전설 중에는 쿨우아칸의 공주에 관한 섬뜩한 이야기도 있다.

이 전투를 통해 아스텍 인은 위대한 전사라는 것을 증명하였다.
이젠 우리를 제대로 대접해 주실 거죠?
그러지.
그러나 그들은 쿨우아칸 족에게 여전히 천대받았다. 그들은 땅이 아닌 다른 보상을 원했다…….
우리는 고귀한 톨텍 족인 당신 부족과 피를 나누고 싶어요.
미안하지만, 난 나눠 줄 피가 없는데!
제 말은 톨텍의 공주와 결혼하고 싶다고요.
그건 걱정 말게! 우리 집에 딸이 많으니 맘에 드는 애를 데려가게.
그래서 아스텍 인은 공주를 데리고 떠났다…….
하나도 안 고마워요, 아빠!
어느 날, 톨텍 족장은 시집간 딸을 만나기 위해 길을 나섰다.
우리 딸이 어떻게 지내고 있는지 아스텍 마을로 가 보자.
그러나 그 곳에는 충격적인 일이 기다리고 있었다.
내 딸은 어디 있나?
제단 위에 있어요!

내 딸을 제물로 바쳤다고?
이제 따님은 우리 부족을 지키는 전쟁의 여신이 됐어요!
감히 내 딸을 죽이다니! 야만인 같으니!
그렇게 화내실 것까진 없잖아요!
격분한 톨텍 족장은 아스텍 부족을 영토 밖으로 쫓아 냈다.
다시는 돌아오지 마라!
아스텍 부족은 황량한 벌판으로 내쫓기고 말았다.
그 양반, 성미 한번 고약하군!

아스텍 인이 사람의 심장을 공양하는 의식은 사실 톨텍 족에게서 배운 것이라고 할 수 있다.

그런데 왜 하필이면 사람의 심장을 신에게 바친 것일까? 이 소름끼치는 의식은 어디서 비롯되었을까? 아스텍 인은 고대 멕시코의 전설을 그대로 믿고 똑같이 따라한 것뿐이었다.

우리가 그렇게 한다고 상상해 보라! '헨젤과 그레텔' 같은 이야기를 사실로 믿고서 그대로 따라한다면 어떻게 될까? 그렇다면 우리는 아궁이 앞에 서 있는 할머니를 발견할 때마다 불 속으로 밀어 넣어야 할 것이다! 정신 나간 소리로 들리겠지만, 아스텍 인도 바로 그런 식으로 행동한 것이다.

대체 어떤 이야기를 믿었길래 그런 행동을 했느냐고? 먼저 그 이야기를 믿고 따라하지 않겠다고 약속하라. 자, 그럼 약속한 사람만 다음 이야기를 읽어 보도록…….

무시무시한 천지 창조 이야기

태초에 사람들이 살고 있었다. 사람들은 옥수수를 먹고 키가 자라 거인이 되었다.

그러나 아무리 키가 커도 물이 머리 위까지 차 오르는 대홍수에서 무사할 수는 없었다. 물이 하늘의 해마저 삼켜 버리면서 4008년간 지속된 첫 번째 세상은 끝이 났다. 지구상의 사람들은 거의 모두 죽어서 물고기로 변했다. 물고기가 생겨난 은 바로 이 때였다(그러니까 여러분이 생선 지느러미를 먹는 것은 곧 죽은 거인의 손을 먹는 것과 같다).

이 때, 네네와 타타라는 두 사람만이 나무 위로 기어 올라가 살아 남을 수 있었다. 결국 이들로부터 인류가 다시 번창했으며, 두 번째 세상이 시작되었다.

그런데 4010년 후, 어떤 일이 벌어졌을까? 또 대홍수가 일어난 것은 아니었다. 이번에는 거센 바람이었다. 바람은 사람과 해를 모두 날려 버렸다.

해가 졌어!
꺼진 거야!

바람이 너무 거세어 사람들은 손과 발로 나무를 붙잡고 매달렸다. 바로 그 때, 꼬리가 생겨났다. 사람들은 전부 원숭이가 되었다. 그래서 동물원의 침팬지가 여러분 삼촌과 그렇게 닮았구나! 침팬지도 한때는 사람이었으니까.

이 때, 두 사람이 바위에 몸을 의지하고 살아남았다. 이들로부터 인류는 다시 번창하게 되었으며, 세 번째 세상이 시작되었다. 그런데 4081년 후, 이번에는 어떤 일이 벌어졌을까? 이번에는 홍수도 아니고 바람도 아니었다. 세 번째 시련은 거대한 불이었고, 세상은 또다시 파괴되었다.

이번에도 누군가가 살아남아 네 번째 세상이 시작되었고, 네 번째 세상 사람들은 또다시 피와 불의 비에 휩쓸렸다. 땅에는 아무것도 자라지 않았고, 사람들은 굶어 죽었다.

다섯 번째 세상이 시작되었다. 이 세상이 바로 우리가 살고 있는 세상이며, 2012년 12월 22일에 지진으로 멸망할 것이다(아스텍 인은 크리스마스를 몰랐으니까, 지구의 종말이 2012년 크리스마스 직전에 닥친다는 사실이 얼마나 안타까운 일인지 모를 것이다. 그렇지만 긍정적으로 생각하면, 뜯지도 못할 선물을 살 필요가 없으니 돈을 아낄 수 있어서 다행이지).

다섯 번째 세상이 열린 곳이 바로 테오티우아칸이었다. 테오티우아칸은 멕시코말로 '신이 태어난 곳'이란 뜻이다.

사방은 컴컴했다(당연하지! 네 번째 세상에서 피와 불의 비가 해를 없애 버렸으니까). 해를 다시 만드는 방법은 오직 하나, 신들 중 누군가가 자신의 몸을 불사르는 것뿐이었다.

당연히 아무도 나서지 않았겠지?

마침내 오만한 신 테쿠시스테카틀이 스스로 가장 위대한 신이라며 태양이 되기를 자청했다. 다른 신들은 모두 그를 싫어했기 때문에 아무도 그의 말에 동의하진 않았지만, 신들은 커다란 화톳불을 피워 놓고 테쿠시스테카틀에게 불 속으로 뛰어들라고 했다.

그는 불길을 보더니 문득 자기가 지금 태양이 되기에는 할 일이 많다고 생각했다. 쉽게 말해서, 겁이 더럭 난 것이다. 바로 그 때, 현명하고 다른 신들에게 인기가 많았던 나나우아신이 불 속으로 폴짝 뛰어들었다. 와! 드디어 해가 생겨났다!

잘났군!

이를 본 테쿠시스테카틀은 수치심에 못 이겨 나나우아신처럼 불 속으로 폴짝 뛰어들었다. 와! 이렇게 해서 하늘에는 또 하나의 밝은 빛이 생겼다. 테쿠시스테카틀은 달이 된 것이다.

신들은 자기들이 한 일에 매우 흡족해하고 있었다. 그런데 신들 중 하나가 하늘을 가리키며 말했다. "저것 봐! 해가 움직이지 않아!"

정말 그랬다. 나나우아신은 목숨을 바쳐 해를 만들었지만, 이제 하늘을 가로질러 움직이기 위해 다른 신들의 희생을 요구한 것이다.

물론 나머지 신들은 잠시 망설였다. 어떤 신은 이렇게 중얼

거리기도 했다. "이럴 거면 죽기 전에 미리 말을 할 것이지."

어느 신이 제안을 했다. "이렇게 합시다. 내 심장을 내놓을 테니, 여러분도 그렇게 하시죠!"

그래서 신들은 차례로 깃털 달린 뱀신 케찰코아틀에게 와서 자신의 심장을 꺼냈다. 그 일이 다 끝나자, 해는 하늘을 가로질러 움직이기 시작했다.

거인들이 테오티우아칸에 해와 달의 피라미드를 세우고, 그 속에 최초의 지도자들을 묻었다는 전설도 있다. 아스텍 인이 처음 멕시코에 왔을 때에도 테오티우아칸에는 그 피라미드의 유적이 남아 있었다. 무지한 아스텍 인은 거대한 피라미드를 거인들이 지었다고 확신했고, 창조 신들의 전설도 믿었다.

그런데 아스텍 인은 이렇게 말했다. "하늘의 해를 계속 움직이게 하기 위해 신들이 심장을 바쳤다면, 우리 인간도 그렇게 해야 한다. 우리도 해에게 정기적으로 심장을 바쳐야 한다."

이러한 이유로 아스텍 인은 사람을 산 제물로 바치는 의식을 시작했다.

너무나 어처구니없고 잔혹한 일이었다. 겨우 전설 때문에 수많은 사람들을 끔찍하게 죽여야 하다니!

★ 요건 몰랐을걸!

1500년대에 시겐사(Siguenza)라는 에스파냐 신부가 멕시코에 왔다. 신부는 테오티우아칸에 얽힌 전설을 믿지 않았다. 그러나 버려진 도시에 그렇게 거대한 피라미드를 짓는 것은 평범한 사람들의 짓이 아니라는 데에는 동감했다. 그런데 시겐사는 누가 피라미드를 지었는지에 대해 독특한 의견을 가지고 있었다. 그는 아틀란티스라는 섬이 바다에 가라앉기 전, 그 곳에서 특별한 능력을 지닌 사람들이 멕시코로 건너왔을 것이라고 추측했다. 오늘날에도 일부 사람들은 고대 멕시코의 지배자가 아틀란티스 인이라고 믿고 있다.

아스텍인의 뱀 사랑

아스텍의 전설에 따르면, 테노크라는 예언자가 아스텍인을 새로운 땅으로 인도했다고 한다. 최초로 그 곳에 정착한 아스텍인이 만약 고향에 있는 가족에게 편지를 썼다면, 아마도 이런 내용이 아니었을까?

사랑하는 엄마

우리는 이 곳에 새 보금자리를 마련했어요. 먹을 것도 많고 참 좋은 곳이에요. 우리를 아스틀란에서 이 곳까지 인도하신 예언자 테노크는 뱀과 독수리와 선인장에 대해 자주 이야기했어요. 테노크는 꿈에서 이 곳을 보았대요. 사람들은 누구나 꿈을 꾸지만, 그 꿈을 좇아서 과감하게 나설 수 있는 사람이 몇 명이나 있겠어요?

제 개인적으로는 테노크가 좀 맛이 간 사람이라고 생각해요. 우리는 계속 걸어서 마침내 이 곳 늪지대까지 왔어요. 끔찍한 곳이지만, 호수 주변의 경관이 무척 좋아요.

다만, 예상했던 대로 한 가지 문제가 있어요. 이 곳에 이미 다른 부족이 살고 있다는 것이죠. 물론 우리에겐 용감한 전사들이 있지만, 상대는 훨씬 수가 많고 강해요. "이제 어떻게 하죠, 테노크?" 우리가 묻자, 테노크는 이렇게 말했어요.

"우리에게 땅을 좀 달라고 부탁해 보자."

전에도 나는 가끔 테노크가 제 정신이 아니라고 생각했지만, 이번에는 완전히 돌았다는 생각이

들었어요. 뭐, 땅을 좀 달라고 부탁을 한다고요?
어쨌든 우리는 부탁을 해 보았어요. 다섯 부족은 서로 모여 결정을 봤어요. 녀석들은 못생긴 얼굴에 징그러운 웃음을 지으며 호수를 가리켰어요. 호수 한가운데에 섬이 있었거든요. 그들은 테노크에게 가서 한번 보라고 말했어요. 테노크는 배를 타고 가서 섬을 보고 돌아왔죠.
"뱀과 독수리와 선인장! 바로 꿈에 본 거야! 저기서 독수리가 선인장 위에 앉아 뱀을 잡아먹는 것을 봤어!"
"아, 내가 말 안 했던가? 저 섬은 온통 뱀 소굴이지. 독사 말이야!" 족장이 낄낄대며 말했어요.
그제야 우리는 놈들의 속셈을 눈치챘죠. 녀석들은 우리를 없애기 위해 뱀이 득실대는 섬으로 보내려는 거예요. 뱀에 물려 죽길 바랐던 거예요.
그렇지만 그들은 우리 아스텍 인을 몰라도 너무 몰랐던 거죠! 우리는 배를 타고 늪을 헤치며 나아갔어요!
호숫가에 내려서자마자 뱀이 여러 마리 보였어요. 통통하고 귀여운 것들! 뱀들도 이렇게 많은 사람들은 처음 봤을 거예요. 뱀들은 끔찍한 얼굴로 우리를 보면서 언제라도 독을 쏘려고 보랏빛 혀를 날름거렸어요. 뱀들이 머리로 땅바닥을 두드리면서 놀란 표정을 지을 때면 아주 재미있었어요.
뱀은 여기 원주민 녀석들만큼이나 단순해요. 우리 아스텍 사람들이 가장 좋아하는 음식이 뱀이란 걸

모르나 봐요!

그러니까 엄마도 빨리 여기로 오셨으면 좋겠어요. 뱀 수프에다 뱀 스튜, 뱀고기 스테이크, 뱀고기 버거, 뱀 튀김 등등. 요즘은 새로운 요리를 개발 중이에요. 이름은 뱀과 콩팥 파이로 지을 거예요.

우리는 새 고향을 테노크의 이름을 따서 테노치티틀란으로 지었어요. 아직까지 우리가 여기서 얼마나 오래 살 수 있을지는 의문이에요. 섬 밖에는 교활한 원주민들이 우리를 노리고 있거든요. 우리 중에 뱀에 물린 사람은 아직 없어요. 우리 전사들은 하루빨리 맞서 싸울 상대가 나타나길 기다리고 있답니다.

사랑스런 아들
멕스 올림

아스텍인은 얼마 안 가서 얕은 호수를 치남파스로 바꾸었다. 치남파스란, 호수 바닥의 진흙을 긁어 모아 평지로 만든 채소밭을 말한다. 다리와 수로도 만들었는데, 덕분에 이 곳은 교역 중심지가 되었다. 게다가, 아스텍인은 주변의 부족들까지 정복해 세력을 확장하려고 했다.

아스텍인은 잔인하고 호전적인 전사들이었다.

1520년경, 아스텍의 황제 몬테수마 2세는 중앙 아메리카에서 가장 큰 제국의 통치자가 되었다. 그러나 이토록 막강한 제국으로 급부상한 아스텍 제국이 어느 날 갑자기 나타난 얼마

안 되는 에스파냐 인에게 순식간에 무너지리라고는 아무도 예측하지 못했다.

여러분은 아스텍 인이 자신들의 생활 방식을 주변의 다른 부족들에게 강요했으리라고 생각하겠지? 그러나 전혀 그렇지 않다. 아스텍 인은 톨텍의 영토를 정복했지만, 톨텍의 종교는 아스텍 인의 정신을 정복했다!

톨텍 족은 피에 몹시 굶주린 민족이었다. 그것도 아주 많이!

잔인한 피의 의식

알다시피, 태양은 별(항성)이다. 별은 중력에 의해 응축된 뜨거운 기체로 이루어져 있는 아주 거대한 천체로서, 내부에서 일어나는 핵 반응으로 전자기 복사, 다시 말해 밝은 빛을 낸다(솔직히 말해 나도 무슨 말인지 잘 모르겠지만, 빠른 속도로 읽으면 뭔가 그럴 듯하게 들린다).

그러나 톨텍 족에게 태양은 곧 신이었다. 인간사를 다스리는 초인간적인 존재였던 것이다.

신이란 존재는 몹시 까다로워서 조금이라도 뜻을 거스르면 즉시 사람들에게 고통을 주었다. 가뭄으로 곡식을 말라 죽게 하거나 메뚜기 떼를 보내 식량을 몽땅 먹어 치우게 했다. 그래서 사람들은 계속 신들을 기쁘게 해 주어야 했다.

어떤 사람들은 신을 기쁘게 하려면 찬송과 기도를 올려야 한다고 생각했고, 또 어떤 사람들은 제물을 바쳐야 한다고 믿었다.

그런데 톨텍 족은 끔찍하게도 사람의 생명을 신에게 바쳐야 한다고 생각했다.

아스텍 족은 그런 생각을 더욱 강조했다. 그들은 태양 신에게 수천 명 이상의 목숨을 제물로 바쳐야 한다고 믿었다. 그것도 잔혹한 피의 의식을 거쳐서.

※ **경고** : 차에 깔려 죽은 비둘기만 봐도 속이 울렁거릴 만큼 비위가 약한 사람은 절대 이 부분을 읽지 말 것.

1.
먼저 제물을 고른다.
널 뽑아 주마!
오! 상을 주시려고요?
2.
제물을 데리고 피라미드의 맨 꼭대기로 올라간다.
휴! 꼭대기까지 오르기도 전에 힘들어서 죽겠군!
그래선 안 되지.
3.
둥근 제단에 제물을 올려놓고 묶는다.
너무 흥분돼서 심장이 튀어나올 것 같아요.
물론 그래야지!
4.
흑요석으로 만든 칼로 가슴을 조심스럽게 가른다.
이제 가슴을 열지어다!
그래요. 가슴을 열고 툭 터놓고 얘기해요. 그런데 상은 어디 있어요?

5.
가슴 속에 손을 넣어 팔딱팔딱 뛰는 심장을 끄집어 낸다.
악! 내 심장!
걱정 마! 금방 끝낼 테니까.
6.
심장을 태양 신에게 바친다.
위대한 태양 신이여, 받으소서.
이제 심장병 걸릴 염려는 없겠군. 꽥!

아스텍 인은 왕의 생일처럼 특별한 날이나 휴일인 월요일에는 피의 의식을 치르지 않았다. 그 외의 날에는 언제든지 피의 의식을 치렀다. 아스텍 인은 피의 의식에서…….

- 1년에 5만 명을 희생시켰다(이것은 일 주일에 천 명, 한 시간에 여섯 명, 10분에 한 명꼴이다!).
- 테노치티틀란에 신전을 처음 지은 것을 기념하는 의식에서는 한 번에 2만 명을 희생시켰다.
- 제물을 다뤄야 하는 사제에게는 별도의 경호 부대가 딸려 있었다.
- 아스텍 인은 정복한 부족들 사이에 싸움을 조장했다. 그래서 이를 빌미로 삼아 전부 감옥에 가둔 다음, 의식에 필요한 산 제물로 삼았다.

어느 에스파냐 역사책에는 1487년 대신전이 처음 지어졌을 때, 단 한 번의 의식에 무려 8만 명이 산 제물로 바쳐졌다고 나와 있다. 그러나 역사책이라고 해서 다 믿을 것은 못 된다. 8만 명이나 되는 사람을 어떻게 다 죽일 수 있겠는가! 그러려면 기관총이나 강력한 폭탄이 필요하다. 수백 년 전만 해도 사람들은 일대일로 싸워 적을 죽이는 게 고작이었다. 오늘날에도 전쟁이 아니고서는 그 많은 사람을 죽이기는 불가능하다.

다섯 가지 제사법

아스텍인은 주로 적을 제물로 삼았다. 용감한 전사일수록 더 훌륭한 제물감이다. 적을 사로잡은 아스텍인은 이렇게 말한다. "오, 사랑하는 내 아들이여." 그러면 약삭빠른 적은 이렇게 맞장구친다. "오, 내가 존경하는 아버지시여." 어라! 이건 여러분이 부모님께 용돈을 타낼 때 쓰는 수법 아냐? 글쎄, 그런다고 '존경하는 아버지'가 적을 제물로 삼지 않았을까?

아스텍인이 제사를 치르는 데에는 다섯 가지 방법이 있었다. 각각 잔혹함의 정도가 다른데, 하나하나 점수를 매겨 보면 어떨까? 우리가 산 제물이 되었다고 생각하고 말이다.

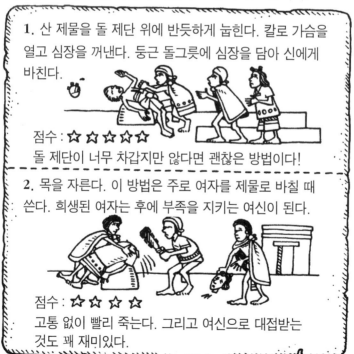

1. 산 제물을 돌 제단 위에 반듯하게 눕힌다. 칼로 가슴을 열고 심장을 꺼낸다. 둥근 돌그릇에 심장을 담아 신에게 바친다.

점수 : ☆☆☆☆☆
돌 제단이 너무 차갑지만 않다면 괜찮은 방법이다!

2. 목을 자른다. 이 방법은 주로 여자를 제물로 바칠 때 쓴다. 희생된 여자는 후에 부족을 지키는 여신이 된다.

점수 : ☆☆☆☆
고통 없이 빨리 죽는다. 그리고 여신으로 대접받는 것도 꽤 재미있다.

3. 제물을 큰 돌에 묶는다. 방어용으로 검을 주고 아스텍 전사와 겨루게 한다. 이 때, 아스텍 전사는 톱날이 달린 검을 쓴다.

점수 : ☆☆☆

필사적으로 싸우겠지만, 얼마 버티지 못할걸!

4. 제물의 양팔을 묶고, 온몸에 화살을 잔뜩 쏘아 꽂는다. 심장 부위는 하얀 점으로 표시해 놓는데, 처음 수십 발은 하얀 점을 피해서 쏜다. 왜냐 하면, 아스텍 인은 제물이 흘린 피가 땅을 비옥하게 만들어 곡식을 잘 자라게 한다고 믿었기 때문이다.

점수 : ☆☆

누구든 고슴도치 신세가 되는 것은 달갑지 않겠지?

5. 제물을 불 속에 던졌다가 다시 꺼낸다. 몇 번이고 반복한다. 제물이 바싹 구워지면 심장을 꺼낸다.

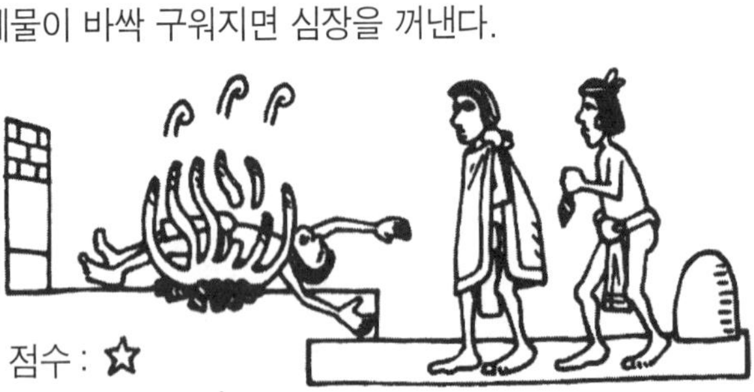

점수 : ☆

우웩!

흉측한 여신상

1803년, 알렉산더 폰 훔볼트(Alexander von Humboldt) 남작은 아스텍을 연구하러 멕시코에 왔다. 훔볼트는 3 m 높이에 무게가 12톤이나 되는 석상을 발견했다. 그 석상은 커다란 화산암을 덩어리째 깎아 만든 것으로, 아주 흉한 모양을 하고 있었다. 훔볼트는 너무 놀라 석상을 다시 묻어 버리고 말았다!

보기에 몹시 흉측하구나.
다시 묻어 버려라!
그럼, 남작의 거울도
모두 묻어야 하지 않나?

그것은 바로 코아틀리쿠에 여신상이었다. 수많은 제물이 코아틀리쿠에 석상 앞에서 희생되었는데, 끌려온 사람들은 의식을 행하기도 전에 그 추한 모습에 놀라 충격으로 지레 죽기도 했다!

코아틀리쿠에는 대체로 사람의 형상을 하고 있지만, 다음과 같은 색다른 특징이 있다.

- 머리는 서로 마주 보고 있는 두 마리의 뱀 대가리
- 양 팔은 뱀
- 치마는 독수리 날개 속에 뱀들이 뒤엉켜 있는 모습
- 발은 재규어의 발
- 목에는 창자, 심장, 해골, 잘린 손바닥들을 꿰어서 만든 목걸이를 걸고 있다.

혹시 미술 시간이 지겹게 느껴진다면, 지점토로 코아틀리쿠에 여신상을 만들어 보자고 미술 선생님께 제안해 보는 것은 어떨까?

피의 의식을 체험하고 싶다면, 지점토로 사람을 빚어서 심장을 떼어 내 보라(이 때, 수저를 사용할 것! 진짜 칼을 사용하다 손이라도 베이면 큰일이니까).

만약 아스텍인이 하던 방식을 사람에게 시험해 보려고 하다간 정신 나간 녀석으로 몰려 교실에서 추방될지도 모른다!

이게 바로 귀엽고도 섬뜩한 코아틀리쿠에 여신상이다.

쉬쉬쉭!

모습만큼 추한 이야기

코아틀리쿠에 이야기는 그 모습만큼이나 끔찍하다. 여신 코아틀리쿠에는 장차 자라서 태양 신이 될 아기를 임신하고 있었다. 그러나 코아틀리쿠에는 아기를 낳기도 전에 달의 여신인 자신의 딸과 별이 되어 있는 자신의 아들 400명에게 무참하게 살해당한다. 자식들이 코아틀리쿠에의 목을 자를 때 흘러나온 피가 바로 여신상의 목 주변에 있는 뱀들이다.

봐요, 엄마.
칼에 손가락을
베였어!

그러나 아기는 태어나서 어머니의 복수를 한다. 자신의 누나인 달의 여신을 산 위로 던져 버리고, 400명의 별 형제들을 무찌른 것이다(대단한 아기야!).

그래서 태양은 새벽마다 하늘의 달과 별을 물리치며 떠오르게 되었다. 그 때문에 수많은 산 제물이 희생되었다는 것은 앞에서도 말했지?

뭘 꾸물거려!
빨랑 못 꺼져?
알았다구!
되게
으스대네.

아스텍인이 의식이 끝난 후에 일부 제물을 요리해 먹었다는 것은 사실이다(팔과 다리 부위를 먹을 수 있는 특권은 사제들에게만 있었다). 1980년대에 어느 학자는 아스텍에 인육을 먹는 대축제일이 있었다는 사실을 알아 냈다. 사람들은 인육을 먹고 더 많은 포로를 잡을 수 있는 힘을 얻었다.

난 팔 하나를 다 먹어 치울 수 있어.
난 군대 전체를 먹어 치울 수 있어.

그렇지만 1990년에 똑똑한 교수들은 그것을 터무니없는 주장이라며 부정했다.

사실, 아스텍은 인육을 먹을 정도로 식량이 부족한 나라는 아니었다.

앗, 아스텍 인이 뭘 먹고 살았다고?

흥미로운 식품

500년 전에 멕시코에서 발견된 야채들이 아니었다면, 오늘날 우리가 먹는 음식은 크게 달라졌을 것이다. 예를 들면, 껌의 원료인 치클은 마야 인이 준 선물이다. 그 밖에도 아스텍 인이 준 선물이 많다.

- 향신료—카레에 넣는 후춧가루 비슷한 것
- 옥수수—콘 플레이크의 원료
- 호박—여러분의 언니나 누나랑 닮은 것. 신데렐라는 마차로 썼다.
- 토마토—케첩의 원료
- 칠면조—서양에서 크리스마스 파티의 단골 손님

아스텍 인은 카카오를 길렀는데, 카카오는 아주 귀한 작물이어서 돈 대신 사용되었다. 아스텍 인은 남아메리카에서 들여 온 땅콩도 재배했다. 그들이 아니었다면 지금 우리가 무슨 재미로 영화를 볼까? 팝콘도 땅콩도 초콜릿도 없을 테니.

에스파냐 인이 유럽에서 돼지를 들여 오기 전까지 멕시코에는 기름진 요리가 없었다. 아스텍 인은 튀긴 음식을 먹어 보지 못했다. 감자 칩과 같은 위대한 발명품은 남아메리카가 원산지인 감자와 유럽 인이 조리법으로 즐겨 사용하는 튀김이 혼합되어 탄생한 것이다.

결코 먹고 싶지 않은 열 가지 요리

멕시코 사람들은 이상한 음식을 많이 먹었다. 1만 년 전, 멕시코 사람들은 매머드를 늪으로 몰아넣은 다음, 돌칼과 창으로 찔러 죽였다. 그리고 그 고기를 먹었다.

우리는 멕시코 사람들 덕분에 다채로운 음식을 즐기게 되었다. 그러나 그들의 음식 중에는 아무리 노력해도 도저히 입에 대기 힘든 것들이 있다.

1. 원숭이—아스텍인은 거미원숭이와 고함원숭이를 즐겨 잡아먹었다. 지금도 멕시코 원주민들은 원숭이를 먹는다! 고함원숭이는 짖는 소리가 3 km 바깥까지 들린다고 해서 그런 이름이 붙었다. 고함원숭이가 말을 할 수 있다면 아마도 이렇게 외치지 않았을까? "조심해! 아스텍인이 우리를 잡아먹으러 온다!"

2. 두꺼비—고고학자들은 멕시코 마을의 유적지에서 왕두꺼비의 뼈를 발견했다. 두꺼비의 피부에는 독이 있기 때문에 일종의 약으로 먹었으리라 추정은 되지만, 너무 많이 먹으면 죽을 수도 있다. 온몸이 혹투성이가 되면서 죽는다!

3. 개구리—두꺼비보다 훨씬 안전하고 맛도 좋다. 프랑스 요리사에게 물어 보면 알 수 있다. 아스텍인이 했음직한 썰렁 개그 한 마디.

웨이터. 이 집에 개구리 뒷다리 요리 있는가?
예, 손님.
그럼, 그건 뱀한테나 주고, 난 냉수나 한 잔 갖다 주게.

4. 선인장—용설란은 아주 쓰임새가 많았다. 아스텍인은 이 선인장으로 바늘과 실, 땔감, 종이, 끈, 옷감, 돗자리 등을 만들었고, 지붕을 엮는 데에도 사용했다. 선인장을 끓이면 달착

지근한 시럽이 나오는데, 이 시럽으로 선인장 술을 만들었다. 한 가지 흠은 아스텍 인이 이 술을 만드는 것을 법으로 금지했다는 것. 어기는 자는 사형에 처했다.

5. 개—멍멍이 파이나 푸들 소시지, 요크셔테리어 푸딩, 치와와 초콜릿을 좋아할 사람이 있을까? 여러분의 애완견이나 사냥개가 오븐에서 요리돼 나올 때, 서로 먹으려고 달려들지는 않겠지? 그러나 아스텍 인은 그랬다!

6. 호수의 이끼—수면 위에 떠다니는 녹색 식물을 가리킨다. 테오티우아칸 시대에 아스텍 인은 호수 가장자리의 이끼를 걷어서 과자로 만들어 먹었다. 그런데 호수가 각 가정에서 버리는 설거지 물 따위로 더러워졌을 때가 문제였다. 그 이끼를 먹었다면, 안색이 이끼처럼 푸르뎅뎅해지지 않았을까?

7. 도마뱀—잡기는 어렵지만, 그 어떤 고기보다도 맛있다. 도마 위에 올릴 재료로는 도마뱀 이상 좋은 게 없지!

8. 개미—유럽 인은 음식에 몰려드는 개미 때문에 골머리를 앓았다. 그러나 아스텍 인은 개미를 먹어 치움으로써 그 문제를 깨끗이 해결했다. 바삭바삭 씹히는 그 맛이라니! 여러분도 먹고 싶다고? 이미 여러분도 자기도 모르게 샌드위치 속에 기어다니는 개미를 먹은 적이 있을걸?

개미 좀 드실래요?
작은 것 한 마리만 주세요.

9. 올챙이—몸에 좋다니까 겨울잠을 자는 개구리까지 잡아먹는 어른들이 있긴 하다. 그러나 그것은 약과이다. 아스텍 인은 올챙이까지 먹었으니까.

10. 유충—유충이란 바로 곤충의 애벌레를 말한다. 파리의 유충은 우리가 잘 아는 구더기이고, 나비의 유충은 쐐기벌레, 딱정벌레의 유충은 굼벵이이다.

역시 굼벵이는
굼뜨게 먹어야 맛있나 봐!

비위가 좋은 사람에게 권하는 술

마야 인은 벌꿀을 가지고 도수가 높은 술을 만들었다. 그런데 꿀을 알코올로 발효시키려면 세균이 필요하다. 그렇다면 마야 인은 어디서 그 세균을 구했을까?

> **답** : 여자들이 꿀을 한 입 가득 넣는다. 그것을 삼키지 않고 입 속에서 이리저리 굴리다가 큰 그릇에 뱉는다. 며칠이 지나면, 꿀이 부글부글 끓어 오르면서 마침내 술이 된다. 그렇다고 집에서 흉내낼 생각은 하지 말 것. 꿀을 계속 입에 물고 있다가는 충치가 생길 테니까!

아스텍 인도 꺼린 음식

뜻밖에도 아스텍 인은 초콜릿을 먹지 않았다. 물론 그들은 초콜릿의 원료가 되는 카카오나무를 재배했다. 그리고 그 열매인 카카오를 곱게 갈아서 물을 붓고 팔팔 끓인 다음, 바닐라나 꿀을 첨가해 먹는 방법도 알았다.

그런데 이렇게 맛있는 음료를 왜 마시지 않았을까?

그 이유는 카카오가 귀했기 때문이다. 초콜릿 한 컵 값이면 샌드위치 수십 개를 살 수 있었기 때문에, 그것을 마신다는 것은 아스텍 인에게는 사치였다.

그렇지만 부유한 사람들은 재력을 과시하기 위해 초콜릿을 마셨다.

군침 도는 멕시코 요리

토르티야(tortilla)

아스텍 인의 주식은 옥수수였다. 그들은 거의 모든 음식에 옥수수를 곁들여 먹었다. 옥수수를 빈대떡처럼 펼쳐 구운 것을 토르티야라고 하는데, 토르티야에 다른 음식을 얹어 먹기도 하고, 갖가지 재료로 속을 채워 먹기도 했다.

멕시코 이외의 지역에서는 옥수수보다 밀가루를 주로 쓴다. 밀가루 150 g에 돼지 기름 25 g, 따뜻한 물 90 mL면 토르티야 6장을 만들 수 있다. 재료를 잘 섞어 밀가루 반죽을 만든 다음, 밀대로 종잇장처럼 아주 얇게 밀어 지름 20~25 cm의 원 모양으로 만든다. 이것을 납작한 프라이 팬에 40초 가량 굽는다. 불 조절이 잘 되면 반죽이 보글보글 부풀어 오른다. 적당히 익으면, 뒤집어서 반대쪽도 30초간 구워 준다.

이게 귀찮은 사람들은 음식점에 가서 만들어 놓은 토르티야를 사 먹도록!

케사디야 (quesadilla)

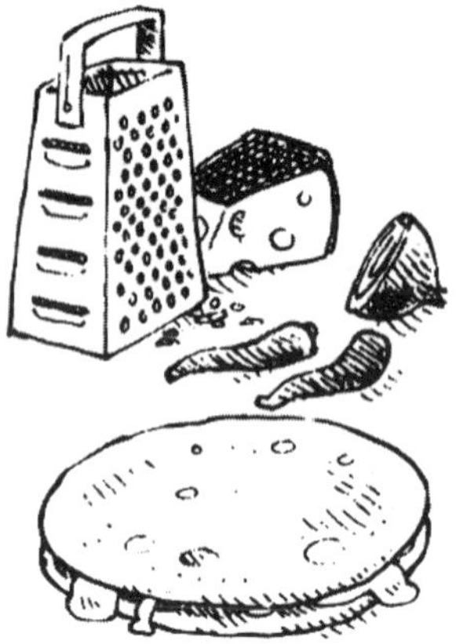

커다란 프라이 팬을 물방울이 지글거릴 정도로 뜨겁게 달군다. 프라이 팬 위에 토르티야를 놓는다. 그 위에 치즈 가루 25 g과 얇게 썬 양파를 골고루 얹는다. 그 위에 토르티야 한 장을 더 얹는다. 1~2분쯤 지나 치즈가 녹기 시작하면, 토르티야를 뒤집는다. 반대쪽도 1분간 익힌 다음, 먹는다!

조금 더 아스텍식으로 먹고 싶은 사람은 풋고추를 가늘게 썰어 토르티야 위에 얹어 먹어도 좋다.

부리토 (burrito)

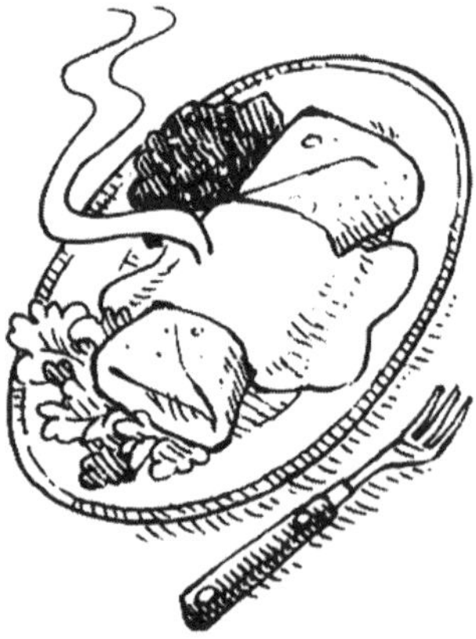

미국에서는 토르티야 스낵을 '부리토'라고 하는데, 이것은 '꼬마 당나귀'란 뜻이다. 그러나 안심해도 좋다. 이 요리를 만들기 위해 당나귀를 잡을 필요는 없다. 부리토에는 당나귀 고기가 전혀 안 들어가니까. 뭐든 자기가 좋아하는 재료를 넣어 토르티야에 싸 먹으면 된다.

멕시코의 개 팔자

멕시코에서는 개들도 아주 행복하게 살았을 것이다. 그러나 개들이 자신의 앞날을 내다볼 수 있었다면, 자신의 삶이 얼마나 불행한 팔자인지 알았을 것이다. 미래를 몰랐던 것이 차라리 축복이었다. 그러니 집에 있는 강아지에게 아스텍의 개 이야기를 해 주거나 그런 책을 함부로 보여 주어서는 절대 안 된다. 왜냐 하면…….

- 아스텍에서는 식용 강아지를 길렀다. 이 강아지들은 멕시코의 더운 날씨 때문에 털이 거의 없는 편이다. 정확히 말하면 털이 없는 종의 강아지를 길렀다. 이 개들은 작고 배가 볼록 나왔는데, 그 귀여운 모양 때문에 멕시코의 도예가들이 특히 좋아해서 종종 인형으로 만들었다.
- 마야에서는 짖지 않는 개를 길렀다. 짖을 수가 없기 때문에 밤에 아주 조용했을 것이다. 그렇다면 이 개들은 서로 어떻게 대화를 나누었을까?
- 일부 멕시코 원주민들은 개 주인이 죽은 다음에 내세로 갈 수 있도록 개가 도와 준다고 믿었다. 문제는 그것 때문에 가끔 개가 죄 없이 죽기도 했다는 것. 주인이 죽으면 기르던 개도 죽여서 함께 묻었다. 개 팔자도 참 더럽지!

아스텍 인의 아슬아슬한 하루하루

노예 일기

아스텍의 달력도 1년은 365일이었다. 윤년이 없다는 것만 빼고는 오늘날의 달력과 같았다. 이 달력에 맞춰 별들과 태양이 운행되던 아스텍 시대의 삶은 아주 고달팠다.

거대한 도시 테노치티틀란에는 대신전의 쌍둥이 피라미드가 시내를 굽어보고 있었다. 쌍둥이 피라미드는 각각 삶과 죽음을 관장하는 두 신을 모시고 있는데, 아스텍 전사에게 사로잡힌 포로는 주로 죽음의 신전으로 끌려갔다.

내가 다른 부족민
이라면, 우리 부족
한테 포로로 잡히는
걸 몸서리치게
싫어할 거야.

시내 거리는 그 당시 유럽의 거리처럼 쓰레기가 쌓이거나 오물이 넘쳐나지는 않았다. 청소부들이 매일같이 거리를 깨끗이 쓸었기 때문이다. 쓰레기는 모아서 나룻배에 실은 다음, 멀리 가져가 파묻었다. 청소부들은 주로 다른 부족에서 잡혀와 강제 노역을 하고 있는 포로들이었다. 만약 청소부 중 누군가가 일기를 썼다면, 당시 그들의 생활이 얼마나 끔찍했는지 잘 말해 줄 것이다. 그 일기를 한번 볼까?

11월 1일~11월 20일: 귀중한 깃털의 계절

11월 1일 새해가 되었다. 전사들은 새해를 어떻게 기념할까? 며칠 동안 내내 굶는다. 내가 전사가 아닌 게 참 다행이다. 물론 노예 신세도 별로 좋을 건 없다. 아침을 먹었는데도 계속 배가 고프다. 지금 방울뱀이라도 잡아먹을까 하고 찾는 중이다.

11월 5일 오늘은 아스텍 전사들의 추도식이 있었다. 늙은 전사들이 죽은 전사들을 회상하는 날이다. 그러나 나는 다 잊어버렸다. 최고의 사냥꾼을 뽑는 사냥 대회가 열린다. 지금은 사냥철이다. 전사들은 포로를 잡아 마치 사슴처럼 앞다리와 뒷다리를 묶는다(물론 사람한테 앞다리는 없지만, 말하자면 그렇다는 이야기다). 그러고 나면 사제는 사슴을 잡듯 아무렇지 않게 포로를 죽인다. 신음 소리가 들려 온다. "으악! 사람 살려!" 신전은 분명 난장판이 됐을 것이다. 이제 조용하다. 소름끼친다. 오늘 저 희생자는 내가 될 수도 있었다!

11월 18일 오늘은 물에 적신 타말레를 먹는 날이다. 이 날은 8년에 한 번씩 돌아온다고 한다. 휴, 다행이군! 아스텍 인은 고기와 옥수수 가루로 만든 타말레를 양념도 없이 물에 적셔 먹는데, 맛은 꼭 옥수수죽 같다. 신전 꼭대기에서는 멋진 춤의 축제가 한창이다. 물론 아스텍 인은 앞다투어 참석하겠지? 아스텍 인은 끝 순서로 물뱀과 개구리를 삼킨다. 보기만 해도 꼬르륵 배가 고프다. 나는 구운 뱀 고기가 좋다.

11월 21일~12월 10일: 깃발을 다는 계절

11월 21일 오늘은 아스텍 인이 코욜사우키와 싸워 이긴 우이칠로포크틀리의 생일을 기념하는 날이다. 사람들은 종이 깃발을 만들어, 집집마다 흔들거나 과일 나무에 매단다. 모두들 즐거워한다. 오늘 대신전에서 산 제물로 바쳐질 포로들만 빼고는. 하기야 그들도 불평을 그리 오래 하진 못할 것이다.

12월 11일~12월 30일: 물이 떨어지는 계절

12월 14일 비가 온다. 보통 이 때쯤이면 비가 오기 때문에 사람들은 요즈음을 가리켜 '물이 떨어지는 계절'이라고 부른다. 이 시기는 피라미드를 따로 청소할 필요가 없다. 그러나 날씨가 춥고, 거리는 온통 진흙탕이 된다. 그래서 한동안 의식도 치르지 않는다. 따라서, 우리가 청소할 것도 없다.

12월 31일~1월 19일: 기지개 켜는 계절

12월 14일 상인들이 행운을 빌며 몇몇 노예들을 산 제물로 바쳤다. 사제들은 신의 옷을 입고 귀족들과 함께 큰 축제를 열어 멋진 춤을 춘다. 물론 난 축제에 초대받지 않았다. 상인들의 노예가 아닌 게 천만다행이다. 내 가슴에서 심장이 뽑혀 나가는 건 싫으니까. 아스텍 인은 그걸 영광이라고 말하지만.

1월 20일~2월 8일 : 성장의 계절

1월 26일 오늘은 아이들이 키가 커지도록 목을 잡아늘이는 날이다. 우리 엄마도 종종 나를 그렇게 하셨다. 그리 아프지는 않았다. 지금 나는 키가 크고 잘생겼다. 목이 뱀처럼 길지만, 어쨌든 키가 크다. 엄마가 동생의 머리를 잡아늘이는 동안 나는 동생의 다리를 잡아 주었다. 목에서 뚝 소리가 날 때까지 당겨야 한다!

1월 28일 오늘은 아이들의 귀를 뚫는 날이다. 목을 늘이는 데 성공한 아이들은 귀를 뚫어야 한다! 내가 동생을 붙잡고 있는 동안 엄마는 동생의 귀에 구멍을 냈다. 동생은 별로 소리를 지르지는 않았다.

1월 31일 불의 신을 경배하는 날이다. 제단 앞에서 옥수수를 굽고, 가축도 몇 마리 굽는다. 의식을 끝낸 옥수수와 가축은 당연히 사제들 몫이다. 도대체 신들은 배고픈 것도 모를까? 이렇게 음식을 많이 남기다니 말이다.

2월 9일~2월 13일 : 쓸모없는 계절

2월 12일 아스텍 달력은 1년이 18개월이고, 한 달은 20일이다. 그래서 매년 5일씩이 남는다. 사람들은 이 날을 불길하게 여긴다(이 때에는 의식을 치르지 않는다. 그래서 우리 같은 노예나 죄수에게는 오히려 행운의 날이다). 또, 이 기간에는 전부 일손을 놓는다. 이렇게 불길한 날에는 집에 있는 게 상책이다. 그래서 종일 침대에 누워 있었는데, 그만 침대에서 굴러 떨어지고 말았다. 좀 아팠다!

2월 14일~3월 5일 : 나무를 세우는 계절

2월 18일 물론 나무를 진짜 세우는 게 아니라, 나무 위에다 깃발을 세우는 것이다. 그러고 나서 사람들은 옥수수와 비의 신에게 산 제물을 바친다. 이번 제물은 아이들이다. 아마도 산으로 데리고 올라가서 죽일 테니 청소할 것은 별로 없을 것이다. 아이들이 큰 소리로 울수록 비의 신이 더 좋아한다고 한다. 아마 나라면 산이 떠나가게 울 것이다.

3월 6일~3월 25일 : 가죽 벗기는 계절

3월 16일 젊은 전사들이 전투 연습을 했다. 다행히 쓰레기는 많지 않았다. 사제들은 오늘도 산 제물을 잡아 그 가죽을 뒤집어썼다. 난 죽어도 사람 가죽을 망토로 입지는 않을 것이다. 아스텍 인은 손 하나 까딱하지 않고 우리보고 전부 치우라고 한다. 정말 개 같은 팔자다(다행히 개처럼 잡아먹힐 일은 없지만). 사제들은 사람 가죽을 신전의 신성한 동굴 속에 넣어 둔다. 이제는 사제들도 자기가 어지른 것은 스스로 치워야 한다고 생각하는 모양이다. 사제는 20일간 사람 가죽을 입는다. 신전 청소를 맡은 내 친구 말로는 끔찍한 냄새가 난다고 한다.

3월 26일~4월 14일: 꽃을 바치는 계절

4월 3일 봄이 되자, 아스텍 인은 신전에 바칠 꽃을 꺾으러 들로 나간다! 오늘 대신전이 있는 쌍둥이 피라미드의 사잇길을 쓸고 있는데, 한 사제가 나왔다. 그는 두 피라미드가 각각 삶과 죽음을 뜻한다고 했다. "삶은 죽음을 부르고, 죽음은 삶을 부르느니라." 나는 그저 고개만 끄덕이며 그 사제가 내 죽음을 부르지 않길 기도했다. 피라미드의 꼭대기로 향하는 계단은 온통 피로 물들었다. 며칠 동안 계단을 닦는다 해도 얼룩이 남을 것이다. 내가 신전 청소 담당이 아니어서 다행이다.

4월 15일~5월 4일: 대축제 계절

5월 3일 아스텍의 소녀들은 줄서서 들에 나가 옥수수 신을 찬양한다. 물론 나는 갈 수 없다. 산에서는 더 많은 아이들이 희생된다. 이렇게 계속 아이들을 죽이고 나면 과연 아스텍에 남아 날 아이들이 있을지 의문이다!

5월 5일~5월 22일 : 건기

5월 17일 가뭄이다. 거리엔 먼지가 자욱하고, 나는 매일 밤 녹초가 되어 돌아온다. 사제는 한 젊은이를 뽑아 테스카틀리포카 신으로 삼는다. 젊은이는 신처럼 대접받으며 아주 좋은 나날을 보낸다. 다만, 신은 늙지 않으므로 해마다 젊은이를 새로 뽑아야 한다. 작년에 뽑힌 젊은이는 어떡하느냐고? 당연히 제물이 되지!

5월 23일~6월 13일 : 옥수수와 콩을 먹는 계절

6월 13일 건기가 끝나자, 땅은 다시 질척해졌다. 사람들은 농사 도구에 음식을 바치고 제사를 지낸다! 혹시 나한테도 좀 주려나? 그런 다음, 사람들은 호수 주변의 갈대를 꺾어서 깔개와 방석을 만들고, 신전도 새로 꾸민다. 가는 곳마다 온통 갈대투성이이다. 진흙에 박힌 갈대를 청소하는 게 쉽지 않다.

6월 14일~7월 23일 : 왕의 축제 계절

6월 20일 테노치티틀란의 왕은 백성들을 불러 큰 축제를 연다. 백성이란 물론 아스텍 인을 말하고, 우리 같은 노예들은 뒷정리할 때나 들어갈 뿐이다. 그래도 남은 음식을 먹을 수 있어서 별로 불만은 없다.

7월 24일~9월 1일 :
죽은 자를 위한 축제의 계절

8월 13일 지겨운 축제들! 이번엔 죽은 자를 기리는 축제다. 오늘은 제사와 더불어 재미있는 장대 기어오르기 경기가 열렸다. 엄마는 동생에게 경기에서 우승하지 않도록 조심하라고 하셨다. 눈에 띄는 행동은 피하는 게 좋다며 그것이 테노치티틀란에서 살아남는 법이라고 하셨다!

9월 2일~10월 11일 : 대청소의 계절

10월 1일 아스텍 인이 집안 대청소를 한다. 그런데 그 쓰레기가 어디로 나오느냐? 바로 길바닥이다. 그럼, 길바닥은 결국 누가 치우나? 나 같은 청소부들이다. 요즘은 신들이 겨울을 나기 위해 신전으로 돌아오는 때이다. 어젯밤에 첫 번째 신이 도착했다. 신전에 놓아 둔 옥수수 가루 단지에 발자국이 찍힌 것이 증거였다. 그러나 엄마는 그게 다 눈 가리고 아웅 하는 속임수라고 했다.

10월 12일~10월 31일 : 산악 축제의 계절

10월 31일 아스텍 인이 아마란트라고 부르는 꽃이 있다. 오늘 아스텍 인은 아마란트를 갈아 소스를 만들고 신과 뱀 모양을 한 과자를 구웠다. 그걸 먹었느냐고? 천만에! 신에게 제물로 바쳤지. 내가 쉰 살까지 오래 산다고 해도, 아스텍 인은 도저히 이해하지 못하겠다. 사실, 나는 열다섯 살까지만 살아도 대만족이다! 다행히 올해도 제물이 되지 않고 무사히 넘겨 무척 기쁘다.

쇼킹, 아스텍!: 아스텍의 별난 풍습

아스텍인은 타고난 전사였다. 1500년경, 그들은 전 멕시코를 정복했다. 그들에게 패한 사람들은 아스텍의 수도인 테노치티틀란에 음식과 옷과 노예를 바쳐야 했다. 그러나 아스텍인은 그보다도 싸움에 진 전사들을 제물로 바치고 싶어했다.

문제: 아스텍인은 어떻게 모든 적을 무찌르고 멕시코를 정복할 수 있었을까?

답: 바로 스파이를 이용했다. 장사꾼으로 위장한 스파이는 낯선 도시에 숨어 들어가 아스텍에 대항하는 조짐이 있는지 살폈다. 만약 작은 반란 세력이라도 있으면, 가서 그들을 부추겼다. "아스텍으로 쳐들어가시오! 여러분이라면 놈들에게 따끔한 맛을 보여 줄 수 있을 거요!"

아스텍인은 반란군이 행동에 들어가길 기다렸다가 즉시 반격을 가했다. 스파이를 통해 반란군의 모든 비밀을 아는 아스텍인은 항상 승리할 수밖에 없었다.

그들은 매일 아침
화장실을 갑니다.

아스텍 전사들은 반란군을 가능한 한 생포하려고 애썼다. 테노치티틀란으로 데려가 제물로 바치려는 교활한 의도에서였다. 그렇지만 어쩌랴? 그것이 아스텍인에게는 태양을 움직이게 하는 방법인 것을.

불쌍한 아스텍 아이들

신이 들판에 비를 내리고 풍년이 들게 해 주기를 바란다면 신에게 선물을 바쳐야 한다. 물론 선물은 당연히 귀한 것이어야 한다. 낡고 시시한 것이면 신이 화를 낼 테니까. 그 당시에 귀한 선물은 대체 어떤 것이었을까? 바로 사람의 목숨이었다. 그럼, 가장 귀중한 목숨은 무엇이었을까? 바로 어린아이의 목숨이었다. 아스텍에서도 아이들은 많은 사랑을 받았지만, 매년 수십 명이 제물이 되어야 했다.

물론 제물로 희생되는 아이들은 주로 노예의 아이들이었다. 그렇지만 아스텍인은 자기 자식에게 꽤 혹독했다. 아스텍 아이들은 편안하게 살 생각은 일찌감치 버려야 했다. 아스텍 아이들의 형편이 어땠는지 살펴볼까?

엄격한 부모가 좋은 부모입니다. 자식은 모름지기 힘든 일을 시키고 말을 잘 듣게 키워야 나중에 쓸모있는 어른이 되죠.
네 살 때부터 여자 아이는 요리와 청소를 해야 하고, 남자 아이는 고기를 낚거나 들에 나가 일해야 합니다.
말을 안 듣는 아이는 이렇게 팔이나 귀를 꼬집어 줘야 합니다.
그래도 말을 안 들으면, 선인장 가시로 푹 찔러 주세요.

심하게 말을 안 듣는 아이는 볼기를 세게 때리고, 불에다 매운 고추를 태워서 고약한 연기를 피운 다음, 그 연기를 마시게 하세요.
그래도 말썽을 피우면, 아이를 꽁꽁 묶어서 추운 겨울에 몇 시간이고 진흙 바닥에 누워 있게 하세요.
모든 방법이 통하지 않을 땐 어쩌죠?
간단합니다. 제물로 바치세요. 헤헤!

아스텍 아이들의 생활에 관한 아홉 가지 사실

1. 남자 아이는 어릴 때부터 전사로서 훈련을 받았다. 태어나서 며칠 후 세례를 받고 나면, 전사들이 쓰는 물건, 즉 작은 갑옷과 망토, 방패, 화살 네 개를 아이 손에 쥐어 주었다.

네 동생, 참 귀엽고 착하지?

2. 남자 아이가 자라면 이런 말을 들었다. "너의 진정한 집은 태어난 집이 아니라, 바깥의 싸움터이다. 네 임무는 적을 무찌르고, 그 피를 태양 신에게 바치는 것이다."

3. 여자 아이에게는 치마와 블라우스 그리고 천 짜는 도구를 주었다. 그리고 여자가 살아가야 할 곳은 집이라고 말해 주었다.

4. 아기가 태어나서 가장 먼저 듣는 말은 이것이었다. "네가 태어난 이 땅은 온갖 고통과 아픔, 걱정, 질병, 갈증, 굶주림, 슬픔이 가득한 곳이란다." 아주 유쾌한 이야기지? 온갖 노력 끝에 세상에 막 태어난 아기가 아주 듣고 싶어할 만한.

참, 그리고
태어난 거 축하한다!

5. 아이들의 이름은 태어난 달과 날의 이름을 따서 지었다. 1년은 18개월이고, 한 달은 20일이라고 했지? 그런데 각 달에는 괴상한 이름이 붙어 있었다. 그러니 그걸 따서 지은 아이의 이름도 괴상할 수밖에! 예를 들면, 개 여섯, 악어 일곱 또는 원숭이 여덟이라는 식의 이름이 붙었다. 싫다고? 그렇다면 바람, 독수리, 토끼, 도마뱀, 꽃, 해골 바가지는 어때?

안녕, 내 이름은 해골 바가지 열셋이야.
편하게 그냥 뼈다귀라고 불러 줘.

6. 600년에서 900년 사이에 만들어진 도자기에는 윗니를 줄로 갈아 뾰족하게 만든 원주민 소년들이 씩 웃는 그림이 그려져 있다! 고기를 뜯어먹는 데에는 좋았을 것이다. 그렇다면 우리도 그렇게 갈아 볼까? 악, 싫어!

너, 어제 이 갈았구나?
응. 요샌 두 개만 가는 게 유행이래.

7. 가난한 집에서 빠르고 손쉽게 돈을 버는 방법은 아이들을 내다 파는 것이었다! 이런 풍습은 마야에서 유래했다. 노예 상인들은 건강한 아이를 사다가 시장에 내놓았다. 아이들은 몇 시간씩 힘든 일을 하지 않으면 심한 벌을 받았다. 지금 학교에 다니는 여러분의 처지와 비슷하다고?

우리 집은 가난하지 않아. 네 동생을 팔지 않아도 된다고 몇 번이나 말해야 알아듣겠니?

8. 아스텍에서는 아이가 죽어도 시체를 관에 넣지 않았다. 대신에 단지에 넣어 땅에 묻었다. 혹시 꿀단지라도 묻는 줄 알고 누가 와서 파 가지는 않았을까?

9. 아스텍인은 1500년대에 남자 아이들과 여자 아이들 모두에게 학교 교육을 시킨 세계 유일의 민족이었다. 그렇지만 그 교육은 15세부터 시작해서 결혼 적령기인 20세에 끝났다. 남자 아이는 사제 학교나 전사 학교 중에서 선택할 수 있었다. 여자 아이는 대개 노래와 춤을 배웠다.

멕시코식 결혼

진짜 아스텍 사람들이 하던 방식으로 결혼식을 치르고 싶은 사람?

다음은 남자가 해야 할 일들이다(애석하게도, 여자는 해당 사항이 별로 없다!).

자신이 아스텍 남자가 되었다고 생각하고, 다음 문제들을 풀어 보라.

1. 먼저 신부를 고른다. 결혼 허락은 누가 얻어야 할까?

a) 내가 직접 한다.

b) 가장 친한 친구에게 부탁한다.

c) 나이 든 여자에게 부탁한다.

2. 누구의 허락을 받아야 할까?

a) 당연히 당사자인 여자

b) 사제를 통해서 신의 허락을 받는다.

c) 여자의 가족

3. 남자도 결혼 허락을 받아야 한다. 누구에게서 받아야 할까?

a) 어머니

b) 아버지

c) 학교 선생님

4. 결혼식 날짜는 어떻게 정해야 할까?

a) 신부가 정한 대로 한다.

b) 결혼하는 날이 정해져 있으므로 따로 정할 필요가 없다.

c) 별자리를 보고 아스텍 달력의 길일인지 확인한다.

5. 결혼식 전에는 축제가 열린다. 누가 준비해야 할까?

a) 신랑이 직접 사냥과 요리를 해서 준비한다.

b) 신랑 어머니가 아들이 좋아하는 음식으로 손님 수만큼 넉넉히 만든다.

c) 신부의 부모님이 전부 준비하므로, 남자 쪽은 전혀 걱정할 필요가 없다.

6. 축제가 끝나고 밤이 되면 결혼식이 시작된다. 식장이 있는 남자의 집까지 어떻게 신부를 데려올까?

a) 택시로

b) 신랑이 무동을 태워서

c) 나이 든 여자의 등에 업혀서

7. 축제에 참석했던 손님들은 결혼식장까지 어떻게 올까?

a) 황소를 타고 온다.

b) 축제장에서 식장이 있는 신랑의 집까지 줄서서 손을 잡고 춤을 추며 온다.

c) 횃불 행진을 하며 온다.

8. 손님들은 제각기 선물을 가져온다. 언제 선물을 받아야 할까?

a) 신혼 집으로 들어갈 때

b) 결혼식 직후

c) 결혼식 직전

9. 어떻게 해야 결혼이 성립할까?

a) 신랑, 신부가 뱀 한 마리의 양쪽 끝을 입에 문다. 남자는 머리, 여자는 꼬리 쪽을 문다.

b) 손을 잡고 반지를 끼워 주면 된다.

c) 신랑의 망토와 신부의 블라우스를 서로 묶는다.

10. 끝나면 다시 축제를 열고 술을 대접한다. 그런데 정해진 사람들만 술을 마실 수 있다. 누굴까?

a) 신랑과 신랑 친구들

b) 신랑 신부만 빼고 전부

c) 서른 살이 넘은 손님들만

답 : **c)**는 모두 정답이고, **a)**와 **b)**는 모두 틀린 답이다.

1. 남자가 신부를 고른다. 사회적인 신분이 어울리는 상대여야 한다. 청혼을 할 때에는 반드시 나이 든 여자를 중매쟁이로 내세워야 한다. 남자의 할머니도 괜찮다.

2. 결혼을 하려면 여자 가족의 허락을 구할 것. 여자의 의견은 필요 없으므로 허락을 받으려고 애쓸 필요는 없다.

3. 사람을 선생님께 보내 결혼해도 좋은지 여쭐 것! 만약 선생님이 안 된다고 하면, 결혼은 불가능하다.

정말 모를 일이군!
왜 나만 빼고 모든 사람들이
거부권을 가지고 있는 거야?

4. 결혼 날짜를 택한다. 반드시 아스텍 달력의 길일이어야 한다. 내 별자리가 어떤 것인지 모를 때에는 어떻게 하느냐고? 보통 토요일을 길일로 친다.

5. 신부의 집에서 축제를 준비한다. 가족들이 손님에게 음식을 대접할 동안 신부는 드레스를 입고 화장을 한다.

6. 결혼식은 대개 밤에 하므로, 어두워질 때까지 기다린다. 신부는 신랑의 집까지 나이 든 여자의 등에 업혀서 간다. 만약 신랑의 할머니가 신부를 업을 수 있을 만큼 힘이 세다면, 신부를 업고 가도 된다.

7. 손님들은 손에 횃불을 들고 줄을 서서 온다. 물론 전깃불이 아니라 진짜 횃불이다.

너희들, 지금 내가
저 불을 끄길 바라는 거지?
이런!

8. 신랑 신부가 모닥불 앞에 자리를 깔고 앉으면 사람들이 결혼 선물을 건넨다(단, 아스텍 인은 팝콘 기계나 전기 밥솥, 커피 머신 따위는 사용하지 않으므로, 선물을 신중하게 고를 것).

9. 신랑의 망토와 신부의 블라우스를 묶으면 결혼이 성립한다. 그래서 속담에 부부 사이를 실과 바늘에 비유하는 것일까?

10. 또다시 축제판이다(이 때쯤이면 신부 집에서 마신 술도 깼을 테니까). 서른 살이 넘은 사람은 누구나 술을 마실 수 있으며, 취한다 해도 이 날만큼은 흉이 되지 않는다. 그런데 서른 살이 안 된 사람이 술을 마시면 벌로 몰매를 맞는다. 다음 번에 또 걸릴 때에는 사형을 당할 수도 있다!

여러분의 점수는?

10점 : 커닝을 한 것이 분명하다!

5~9점 : 아주 운이 좋다!

1~4점 : 가서 뇌 세포 청소를 받을 것.

0점 : 아스텍 인의 제물이 되기 딱 좋음.

이제 어떻게 하면 되는지 잘 알았을 테니 한번 시험해 보면 어떨까? 어떤 여자와, 또다른 여자와, 또또 다른 여자와, 또또

또 다른 여자와…… 계속 결혼하는 것이다. 아스텍 남자는 도대체 몇 번까지 결혼할 수 있었을까?

어, 난 한 명도
제대로 못 챙겼는데!

네사우알피이 왕은 무려 2000명의 아내와 144명의 자녀를 두었다. 도대체 이름들이나 제대로 기억했을까? 이왕 나온 김에 왕들에 관한 이야기를 해 보자.

새 황제의 새 옷

왕은 아주 비싼 고급 옷을 입는 게 보통이었다. 겉옷도 속옷도 모두 비싸고 화려한 것으로 갖춰 입었다. 그뿐인가? 왕은 최고급 신발을 신고 다니지만, 사실은 신발은 필요도 없다. 흙바닥을 그냥 밟는 게 아니라, 하인들이 깔아 놓은 양탄자 위를 사뿐사뿐 걸어다녔으니까.

이런 왕의 옷차림은 마치 이렇게 말하는 것 같았다. "내가 얼마나 멋진지 봐라, 이 천한 백성들아!"

그러나 아스텍의 황제는 정반대였다. 황제는 태양 신 앞에 나가 자신이 얼마나 보잘것없고 하찮은 존재인지 고백해야 했다. 이 때, 황제는 나흘간 단식을 했다(도저히 참을 수 없으면 사흘만 단식했다).

단식이 끝나면 옷을 모두 벗은 다음, 신상 앞에 서서 이렇게 말했다.

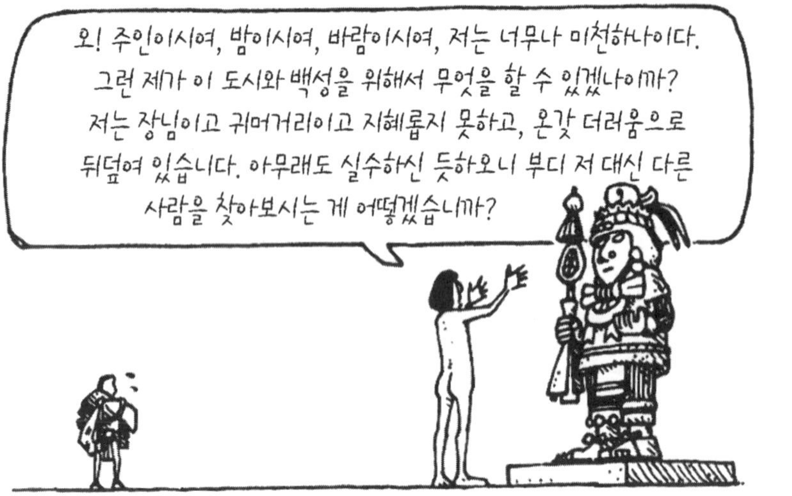
오! 주인이시여, 밤이시여, 바람이시여, 저는 너무나 미천하나이다. 그런 제가 이 도시와 백성을 위해서 무엇을 할 수 있겠나이까? 저는 장님이고 귀머거리이고 지혜롭지 못하고, 온갖 더러움으로 뒤덮여 있습니다. 아무래도 실수하신 듯하오니 부디 저 대신 다른 사람을 찾아보시는 게 어떻겠습니까?

만약 태양 신이 이렇게 대답했다면, 얼마나 황당했을까? "정 소원이 그렇다면 그만두어라. 다른 사람을 알아볼 테니!"

물론 황제의 겸손은 그리 길지 않았다. 왕이나 황제가 하는 일이란 대개 그렇다. 대관식이 끝나면, 언제 그랬느냐는 듯이 성대한 축제를 벌인다. 이 때, 주의할 사항들이 있다.

- 귀족 손님들은 모두 단순하고 평범한 옷을 입어야 했다. 황제보다 화려하게 보여서는 안 되기 때문이다.
- 고개를 숙이고 있어야 한다.
- 머리를 들어 왕의 얼굴을 정면으로 쳐다봐서는 안 된다.
- 왕 앞에서 등을 보여서는 안 되므로, 방에서 나갈 때에는 뒷걸음질로 나가야 한다.

그리고 평소에 황제는 이렇게 살았다…….

- 외출할 때에는 고급 깃털로 차양을 장식한 가마를 타고 다녔다.
- 가마에서 내릴 때에는 황제의 발에 흙이 묻지 않도록 하인들이 바닥을 쓸고, 천을 깔아 주었다.
- 식사를 할 때에는 금 병풍을 쳐서 일반 백성들이 보지 못하도록 했다.
- 매 끼니마다 100가지 음식 중에서 원하는 것을 고를 수 있었다.
- 식사를 하는 동안 광대와 곡예사가 재주를 보여 주었다.
- 황제에게는 새들이 가득 들어 있는 방 열 개짜리 새장과 갖가지 동물들이 살고 있는 동물원이 있었다. 특히, 방울뱀은 깃털로 만든 침대 위에 모셔 두었다.

이게 보잘것 없는 삶이란 말인가! 그저 신상 앞에서 옷을 벗고서 나는 멍청이라고 몇 번만 말하면 이렇게 호사스럽게 살 수 있다! 그런 생활이라면 어느 누군들 마다하겠는가?

용맹스러운 전사들

아스텍 남자들은 싸우기 위해 태어난 사람들이었다. 전쟁을 알리는 북 소리가 울리면, 모든 남자들은 각자 무기를 들고 800여 명으로 이루어진 부대를 조직했다.

그 밖에 또 다른 건 없냐고? 다음 퀴즈를 풀다 보면 아스텍 전사들이 어떤 사람들이었는지 저절로 알게 될 것이다. 각각의 문제에 대해 참 또는 거짓으로 대답하라.

1. 아스텍 전사는 갑옷을 입었다. 참/거짓

2. 아스텍 전사의 나무 곤봉에는 끝에 돌로 된 칼날이 달려 있어서 말의 머리도 거뜬히 자를 수 있었다. 참/거짓

3. 아스텍 지휘관들은 커다란 깃털과 갈대를 엮어 만든 장신구를 어깨에 매고 있어 한눈에 알아볼 수 있었다. 참/거짓

너무 많이 매단 것
같지 않아?

4. 전사들은 전투에서 죽는 것을 영광으로 여겼다. 참/거짓

5. 돈이 많은 전사는 싸우러 나갈 때 금과 보석을 걸치고 갔다. 참/거짓

6. 전사들은 전투에서 적을 죽이기 전에는 자기 머리카락을 자르지 않았다. 참/거짓

내 잘못이 아니에요! 창으로 많은 적을 찔렀지만, 용케도 모두 살아났으니 어떡해요?

7. 아스텍 전사는 적의 포로가 되느니 자결하는 것이 낫다고 믿었다. 참/거짓

8. 아스텍 군대는 포로를 제물로 바치기 위해서 20명은 잡아와야 했다. 참/거짓

뭐라고! 겨우 19명만 잡아왔다고? 가서 그 나라를 다시 정복해!

9. 아스텍 청년은 적의 심장을 꺼내 뛰고 있는 그 심장의 피를 얼굴에 발라야 비로소 진정한 전사가 될 수 있었다. 참/거짓

10. 전사들은 식량이 부족하면 죽은 동료를 먹었다. 참/거짓

살아서는 훌륭한 전사였는데, 죽어서는 훌륭한 바비큐가 되었군!

답 :

1. 참. 그렇지만 그들은 금속을 사용하지 않았으므로 금속제 갑옷은 아니었다. 면을 누벼 만든 갑옷이었는데, 소금물에 담가 단단하게 만들었다.

2. 참. 아스텍 인과 싸운 에스파냐 병사들의 증언에 따르면 그렇다. 그러나 에스파냐 인이 오기 전에는 말의 머리를 자르는 일은 없었다. 왜냐 하면, 멕시코에는 말이 없었으니까.

3. 참. 이것은 다른 멕시코 부족과 싸울 때에는 좋았다. 그러나 총을 가지고 있던 에스파냐 군대와 싸울 때에는 매우 불리했다. 에스파냐 군대는 지휘관을 쉽게 알아보고 총을 겨누었으니까.

4. 참. 그들은 전사가 전쟁터에서 죽는 순간 벌새로 변해서 천국으로 올라가 태양 신의 곁에서 노래를 부르게 된다고 믿었다. 참새가 아닌 게 다행이다.

저 사람은 귀를 보호
하고 싶은가 보군!

5. 참. 물론 적군에게 예쁘게 보이려고 그런 것은 아니다. 그들은 보석이 자신을 지켜 주는 신비한 힘을 가지고 있다고 믿었다.

6. 참. 젊은이는 머리카락을 어느 정도 자르지 않고 남겨 두어야 했다. 이것은 아직 진짜 사나이가 되지 못했음을 알려 주는 수치스런 일이었다.

7. 거짓. 모키우익스 왕은 아스텍 친구들에게 반란을 일으켰다. 전투에서 패배하자, 그는 피라미드 꼭대기에서 몸을 던져 자살했다. 아스텍 인은 그의 자살에 매우 분노해서 그의 시체를 묻지도 않고 그냥 썩게 내버려 두었다.

8. 참. 때로는 20명보다 훨씬 많은 사람을 죽일 때도 있었다. 1481

년부터 1486년까지 아스텍을 통치했던 티소크 황제는 세 개 부족을 정복한 다음, 모든 남자들을 처형하라고 명령했다. 그 때, 죽어간 사람은 무려 2만 명에 이르렀다.

놈들의 힘이 다 빠져서
우리 차례까지 안 왔으면 좋겠어.

9. 참. 심지어 에스파냐에 협력했던 틀락스카얀 족도 기독교를 믿는 에스파냐 병사들이 보는 앞에서 이 의식을 행했다.

10. 거짓. 적의 시체는 기꺼이 먹었지만, 아무리 배가 고파도 생사고락을 같이한 동료를 먹는 짓은 하지 않았다. 1521년, 에스파냐와의 싸움에서 동료 전사의 시체가 수천 구나 널려 있었으나, 아스텍인은 나무 껍질로 연명했다.

피를 부르는 놀이

아스텍 인이 즐기던 공놀이는 마야에서 유래한 것이다.

마야 인은 그 놀이를 포카톡이라 불렀다(듣기만 해도 톡톡 튀는 이름이군). 사람들은 공놀이를 할 때, 그 소리가 경쾌하면 경쾌할수록 신들이 더 기뻐하며, 농작물이 더 잘 자란다고 믿었다.

공놀이는 사람을 제물로 바친다는 생각으로 이어졌다. 만약 여러분이 아스텍 인처럼 살아 보고 싶다면, 친구들과 함께 이 경기를 해 보라. 그러나 목숨이 아깝다고 생각되면, 흉내도 내지 말 것!

준비물 :

- 길이 140 m, 너비 36 m의 I 자형 경기장. 사방은 돌담으로 둘러야 한다. 경기장이 너무 크다 싶으면, 농구장이나 배구장을 이용해도 좋다.
- 경기장 양끝에는 5 m 높이에 고리를 하나씩 매단다.
- 사람 머리 모양으로 만든 납작한 돌멩이. 점수를 표시하는 데 사용한다.
- 지름 15 cm 정도 되는 고무공.
- 각각 10명씩 두 팀으로 나눈다. 선수가 죽거나 병원에 실려 가면, 선수 교체는 무제한으로 허용된다.
- 해골 선반. 그 위에 제물로 희생된 자의 머리를 얹어 놓아 경기를 지켜보게 한다.
- 선수는 헬멧을 쓰고 팔과 무릎, 다리에는 빳빳한 가죽 보호대를 찬다(소를 잡거나 가죽 신발을 찢을 필요는 없다. 스케이트보드용 보호대면 된다. 아스텍인처럼 거칠게 경기하지 말 것).

경기 방법 :

농구 경기처럼 선수들은 자기 팀끼리 공을 주고받으면서 득점 위치까지 전진한다. 양쪽 벽에 걸려 있는 고리에 공을 던져 넣으면 득점이 된다.

경기 규칙 :

공을 패스할 때에는 팔과 다리만 사용하고, 손이나 발은 쓸 수 없다. 그 외의 규칙은 전혀 없다! 경기 도중에 선수들이 많이 죽는 이유는 여기에 있다. 선수의 생명을 보호하거나 비신사적인 행위를 막을 수 있는 규칙이 아무것도 없기 때문에 상대를 죽이는 게 오히려 승리의 지름길이 된다. 그러니 여러분이 경기할 때에는 몇 가지 안전 장치를 덧붙이는 게 좋을 듯.

승패 :

먼저 득점하는 팀이 이긴다. 일부 역사가들은, 이긴 팀이 진 팀 선수들을 경기장 한쪽에 마련된 단상으로 끌고 가 목을 벤 다음, 나무 막대기에 꽂았다고 한다(이긴 팀 선수들은 상대

선수들의 잘린 머리가 썩은 생선처럼 변해 가는 걸 보면서 두고두고 우승을 축하했을 것이다). 득점을 올린 선수는 관객에게 어떤 보석이나 옷가지도 요구할 수 있었다. 다만, 문제는 선수가 그 관객을 우선 붙잡아야 한다는 것.

다시 생각해 보니, 저 여자 반지는 포기하는 게 낫겠어.

때때로 관중은 어느 팀이 우승하느냐를 놓고 내기를 걸기도 했는데, 주로 금이나 여자, 노예 그리고 심지어는 집까지 걸었다. 혹시 여러분도 내기를 하고 싶다면, 집 문서를 걸기 전에 반드시 부모님의 허락을 받을 것!

죄송해요, 아빠.

공놀이에 관한 진실

역사학자라 해도 모든 진실을 다 알 수는 없다. 때로는 순전히 추측에 의존하기도 한다.

대부분의 역사책에는 마야와 아스텍의 공놀이에서는 한쪽이 죽어야 끝난다고 되어 있다. 그러나 일부 역사학자들은 그럴 리가 없다고 주장한다.

진실은 경기장 벽면에 새겨진 그림에 있었다. 이 그림에는 공놀이에서 진 선수의 목이 잘리는 모습이 새겨져 있다. 그러나 그림 어디에도 진짜 공놀이에 대한 설명은 없다. 다만, 전해 오는 옛 전설만 기록되어 있을 뿐이다.

1 젊은 신 금성은 지하 세계의 신과 공놀이 경기를 했다가 그만 지고 말았다.
이미 끝난 시합이야!
천만에!
2 패자는 목숨을 내놓는다는 것이 경기 규칙이었다.
금성의 목을 가차없이 쳐라!
아! 이렇게 죽어야 하다니!
3 금성의 목에서는 피가 강물처럼 흘렀고, 그의 머리는 지하 세계에 걸렸다.
아야! 이러다 목 빠지겠군!
4 그러던 어느 날, 지하 세계 신의 딸이 길을 가는데, 벽에 걸려 있던 해골이 침을 뱉었다.
도대체 이 해골들은 매너가 없다니까!
퉤
5 침을 맞은 공주는 아이를 낳았다. 이 아이는 후에 아버지 뒤를 이어 새로운 샛별, 금성이 되었다.
반짝반짝 작은 별
애비를 잊지 말거라!

이상이 경기장 벽화에 그려진 내용이다. 이렇게 해서 금성이 밤에는 보이지 않다가 새벽이면 나타나게 되었다는 것이다.

관광 가이드들은 관광객들에게 마야의 경기장을 보여 주며 이렇게 설명했다. "여기는 마야인이 공놀이를 하던 곳인데,

경기에서 진 선수들은 머리가 잘렸답니다."

그러자 역사학자들이 가이드의 설명을 그대로 책에 옮겨 적었다(세계사 책에 나와 있는 마야와 아스텍 부분을 보면 알 수 있다). 그러나 그것은 필시 사실이 아닐 것이다!

역사는 때때로 끔찍할 수도 있다. 그러나 그 역사를 밝히는 역사학자들은 가끔 더 끔찍한 일을 저지르기도 한다!

흉내조차 낼 수 없는 무서운 경기, 볼라도르

준비물 :

- 장대—단단하고 기다란 막대를 준비하고, 그 꼭대기에 발판을 단다.
- 꼭대기에 네 개의 밧줄을 매단다.
- 새의 복장

경기 규칙 :

네 명의 선수가 새의 복장을 하고 장대 꼭대기로 올라간다. 줄을 겨드랑이 밑에 묶는다. 한 사람씩 밑으로 뛰어내리면서 날갯짓을 13번 한다. 네 번째 선수까지 뛰어내리면, 날갯짓은 모두 합쳐 행운의 숫자인 52번이 된다. 이 의식은 태양 신을 기쁘게 해서 계속 지구 주위를 돌게 하려는 것이다.

승패 :

승패는 없다. 일종의 아스텍식 단체 번지 점프로, 태양 신을 섬기는 의식이다. 심장을 바치는 것보다 훨씬 덜 잔인하다.

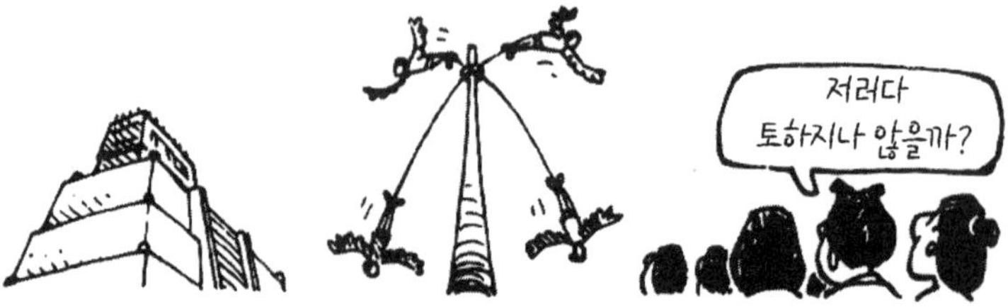
저러다
토하지나 않을까?

아스텍 여자의 팔자

아스텍에서 여자는 별로 좋은 대접을 받지 못했다. 남자가 여자를 존경하는 경우는 딱 한 가지, 바로 아기를 낳다가 죽는 것이었다. 남자들은 그것이 여자가 할 수 있는 일 중에서 가장 용감한 것이라고 말했다.

불쌍하게 죽은 여인의 혼령은 밤마다 거리를 떠돌았다. 아스텍 인은 이 혼령과 마주치는 것을 불길하다고 여겼다. 그러나 시체는 불길하다고 여기지 않고, 오히려 신비한 힘이 있다고 믿었다. 그래서 아스텍 전사들은 전쟁에 나가기 전에 죽은 여인의 손가락과 머리카락을 잘라서 방패에다 붙였다. 마법의 손가락이 자신을 지켜 준다고 생각했기 때문이다.

이 손가락을 방패에다
어떻게 붙이지?
손톱으로 박아!

그런데 시체의 손가락은 어떻게 구했을까? 죽은 여자의 집에 가서 식구들에게 "죄송하지만, 손가락 한 개만 잘라도 될까요?" 하고 양해를 구했을까?

천만의 말씀! 이들이 누군가? 천하의 아스텍 전사 아닌가! 그들은 무슨 일이든 정중하게 처리하는 법이 없다.

전사들은 어디에 초상이 났다는 소문을 들으면 몇몇이 무리를 지어 장례식장을 덮쳤다(물론 무리는 결코 10명을 넘지 않았다. 10명이 넘으면 손가락이 모자라니까).

설령 장례식을 놓쳤다 해도, 완전히 기회를 놓친 것은 아니었다. 전사들은 무덤까지 가서 시체를 파냈다! 편안히 잠들었던 여인의 시신은 순식간에 '따로따로' 분리되는 신세가 되는 것이다!

이왕 이야기가 나왔으니 묘지에 관한 이야기를 해 보자.

아스텍의 병과 약

황제는 3000명이 한꺼번에 묵을 수 있을 만큼 많은 방이 있는 궁전에서 살았다. 반면에, 백성들은 햇볕에 말린 벽돌과 회반죽으로 지은 오두막에서 살았다. 오두막에는 보통 서너 개의 방이 있었고, 10~15명이 살았다. 죽은 사람까지 포함해서.

왜냐 하면, 아스텍인은 식구가 죽으면 집 안에 땅을 파고 묻었기 때문이다! 이것도 마야에서 비롯된 관습이다. 할머니 위에 앉아서 식사를 하고, 삼촌 위에서 잠을 자고, 아버지 위에서 술을 마시는 꼴이라니! 끔찍해라!

지난 겨울에 친척들이
많이 돌아가셨거든요.

주의! 이것은 결코 위생에 좋지 않다. 그러니 여러분도 키우던 금붕어가 죽었다고 해서 마루 밑에 묻어서는 안 된다.

또 하나! 병에 걸렸을 때, 아스텍의 치료법을 따라하지 말 것. 대부분 약효가 없고, 약효가 있는 것은 사람의 목숨을 앗아 갈 수 있다. 그래도 약초는 효과가 있어서 지금까지 사용되는 치료법도 있지만, 아주 터무니없는 것도 있다. 그렇지만 해가 되지 않는 비방을 한 가지 소개한다.

아스텍의 감기 치료법

1. 감기 걸린 아이를 찾는다. 없으면 콜록콜록 기침을 하는 선생님도 괜찮다.

2. 해가 뜰 무렵 일어나 집에서 가까운 잔디밭으로 간다.

3. 잔디에 맺힌 이슬을 작은 병이나 다 먹은 잼 통에다 모은다.

4. 환자를 침대에 눕히고, 머리를 뒤로 젖힌다.

5. 양쪽 콧구멍에다 이슬을 한 방울씩 떨어뜨린다.
(재채기가 잘 나오게 하려면 먼저 코딱지를 깨끗이 파야 할 것이다).

6. 기도를 올린다. "케찰코아틀 신이시여, 이 아이(혹은 선생님)의 머리에서 나쁜 기운을 몰아 내시고, 다시 건강하게 해 주시옵소서."

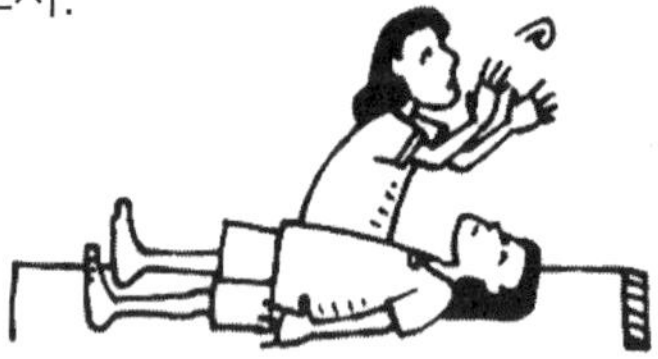

여기서 가장 중요한 것은 기도이다. 아스텍의 치료법은 대부분 환자의 몸에서 나쁜 기운을 몰아 내는 것을 목적으로 했다. 때때로 의사는 나팔꽃 씨앗이나 페이오티버섯으로 만든 아주 독한 약을 처방하기도 했다. 그 약은 환자를 미치게 하거나 죽일 수도 있었다. 하긴 나쁜 기운도 미친 사람의 몸 속에 있고 싶지는 않겠지.

아스텍을 휩쓴 유럽 질병

아스텍에는 에스파냐인이 유럽에서 가져온 천연두와 같은 질병을 고칠 수 있는 치료법이 없었다. 에스파냐인이 아스텍에 퍼뜨린 천연두는 순식간에 퍼져 아스텍 제국 전체를 쓸어 버렸다.

1520년, 천연두에 걸린 한 남자가 에스파냐에서 왔다. 그로

인해 수많은 아스텍인이 천연두에 걸려 사망했고, 군사력도 약해져 결국 에스파냐인에게 멸망당하는 결정적인 원인이 되었다.

그 밖에 홍역이나 백일해, 황달, 말라리아 등의 질병으로 수백만 명이 죽었다. 이것은 유럽에 페스트가 돌 때보다 훨씬 큰 피해를 입혔다. 질병으로 직접 죽지 않았다 해도, 약해진 몸으로 채광이나 농사 같은 힘든 일을 하다가 죽기도 했다.

마야인이 모두 어떻게 사라졌는지는 미스터리이다.

그러나 아스텍인이 사라져 간 과정은 미스터리가 아니다. 다음은 그들이 사라져 간 과정이다.

1520
1590
도대체 누가 내 반쪽을 가져간 거야?
1650
100만 명 =
많지?

교활한 정복자들

아스텍의 지배를 받는 부족들은 사람의 심장을 바치는 아스텍의 관습 때문에 아스텍 인을 싫어했다. 고통스러운 멕시코 부족들의 유일한 희망은 고대 전설 속에 담겨 있었다.

전설에 따르면, 멕시코 민족은 다른 나라에서 왔고, 그들의 지도자는 케찰코아틀이라는 신이었다. 위대한 영웅 케찰코아틀은 뱀 떼에게 쫓겨 멕시코 땅을 떠나면서 언젠가 다시 돌아오리라는 말을 남긴다.

전설에는 케찰코아틀이 갈대의 첫해에 검을 들고 돌아오는데, 수염을 기른 하얀 사람의 모습을 하고 있으므로 쉽게 알아볼 수 있다고 되어 있다. 또한, 케찰코아틀은 아스텍 인의 지배를 끝내고, 멕시코에 평화를 가져올 것이라고 했다.

에르난 코르테스(Hernan Cortés)와 에스파냐 군대가 상륙하자, 그 전설이 들어맞는 듯했다!

갈대의 첫 해
흰 얼굴의 남자
수염
아스텍을 무찌른다
평화가 온다

당신이 케찰코아틀이오?
무슨 코털?
어서 오십시오, 코털.
난 에르난 코르테스야!
아! 코털 주인님께서 코로 숨을 쉰다고요? 잘 오셨습니다.

에르난 코르테스가 이끄는 600명의 병사들은 정복을 시작했다. 에스파냐 침략자들은 총을 무기로 약간의 행운에 힘입어 아스텍 제국을 정복해 나갔다.

교활한 코르테스

코르테스는 배 11척, 병사 508명, 선원 100여 명을 이끌고 멕시코로 향했다. 배에는 말도 16필 있었는데, 전투에서 아주 중요한 역할을 하게 된다. 멕시코 사람들은 말을 한 번도 본 적이 없어 혼비백산했으니까.

코르테스는 아스텍의 지배를 받는 부족이 2,000만 명이나 되는 줄은 미처 몰랐지만, 어쨌든 자신의 소부대만으로는 아스텍 제국을 무찌르기가 역부족이라는 사실을 알았다. 뭔가 머리를 써야 했다. 그래서 그는 먼저 원주민들과 친분을 맺은 뒤에 그들을 무력으로 제압했다.

아주 치사하고 교활한 짓이었다. 이제부터 그의 술수를 살펴보자.

코르테스의 잔꾀

코르테스는 군인들이 원주민을 약탈하는 것을 엄격하게 통제했다. 약탈하다가 발각되는 군인은 즉시 사형에 처했다.

코르테스는 멕시코에 도착하자마자 아스텍에 반감을 가진 부족들을 찾아 친구로 만들기 시작했다. 어느 날, 행군을 하던 도중에 에스파냐편이 된 셈포알란 족이 싱가파싱가 마을을 약탈하기 시작했다. 화가 난 코르테스는 약탈을 금지하는 규율을 설명하고, 빼앗은 물건을 내놓으라고 명령했다.

셈포알란족은 순순히 물건을 돌려 주었고, 코르테스는 또 하나의 친구를 얻었다. 바로 싱가파싱가 사람들이었다!

그런데 어느 날, 코르테스의 부하 한 명이 약탈을 저지르는 사건이 벌어졌다. 자, 어떻게 해야 할까? 부하들은 코르테스에게 서로 엇갈린 조언을 했다.

저 자를 교수형에 처해야 합니다! 우리의 법이 모두에게 공평하다는 것을 멕시코 사람들에게 보여 줘야죠. 저 자를 죽이지 않는다면, 멕시코 사람들은 우리를 버릴 겁니다.
죽이면 안 됩니다. 에스파냐 병사를 죽일 수는 없습니다. 만약 교수형에 처하면, 우리 병사들이 장군을 버릴 겁니다!

이 말도 옳고, 저 말도 옳고! 코르테스는 500명의 부하들을 잃느냐, 2,000명의 셈포알란 전사를 잃느냐를 놓고 선택의 기로에 섰다.

여러분이라면 어느 쪽을 선택하겠는가? 양쪽의 요구를 다

들어 주어서 아무도 잃지 않는 방법은 없을까? 코르테스가 생각해 낸 묘책은 이랬다.

일단 저 친구의 목에 줄을 감아 나무에 매달아라.
그리고 우리는 행군을 계속한다. 우리가 아주 멀찌감치 갔을 때,
저 멍청이가 죽기 전에 재빨리 줄을 풀어 주라구.
역시 똑똑하십니다!

코르테스의 병사들 중에는 배를 훔쳐서 집으로 돌아가려는 자도 있었다. 코르테스는 이 문제를 어떻게 해결했을까?

간단하지! 배를 전부 불태워 버렸다! 지독한 코르테스!

사제들에게 사기치기

코르테스는 피의 의식을 금지하고 싶었다. 그래서 하루에 다섯 번씩 친한 부족 마을들을 다니며 순찰을 돌았다. 코르테스는 멕시코인을 기독교로 개종시키려 했다. 그런데 문제는 멕시코 사제들의 권력이 막강하다는 것이었다.

한 에스파냐 작가는 이렇게 말했다.

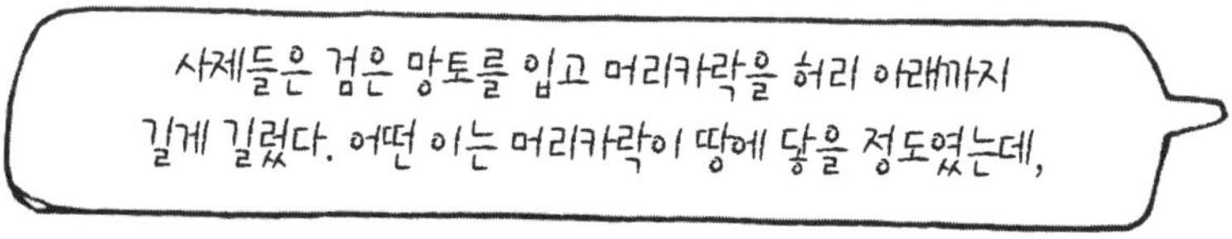

사제들은 검은 망토를 입고 머리카락을 허리 아래까지
길게 길렀다. 어떤 이는 머리카락이 땅에 닿을 정도였는데,

끝자락은 피에 젖고 뒤엉켜서 빗을 수도 없었다.
사제들은 자기 귀를 잘라 제물로 바쳤으며, 몸에서는
썩는 냄새가 진동했다.

사제들은 자신의 권력을 내놓고 싶지 않았다. 그러나 코르테스는 그들의 도움이 필요했다. 과연 코르테스는 이 문제를 어떻게 해결했을까?

기독교 사제가 되어도 똑같은 권력을 가질 수 있소!
우선 머리를 감고 자르시오. 목욕도 하고, 흰 사제복도 입으시오.
그런 다음에 예배 드리는 법을 알려 주리다!

여러분이라면 다음 두 가지 조언 중 어느 쪽을 따르겠는가? 과연 코르테스는 기독교와 멕시코 인을 모두 만족시키는 좋은 방법을 생각해 낼 수 있었을까?

Ⓐ 사제 자리를 내놓지
않는다면, 죽여 버려야 합니다!
우리 기독교에선 피비린내나는
의식을 용서할 수 없으니까요.
Ⓑ 만약 사제들을 죽인다면,
멕시코 인은 더 이상 우리의 말을
들으려 하지 않을 겁니다.

코르테스가 쓴 방법은 이랬다. 피라미드 위의 아스텍 신상들을 끌어내리고, 그 대신 기독교 제단과 십자가를 세웠다. 핏자국은 회반죽을 발라 감추었으며, 사제들은 기독교 사제가 되었다. 뒷머리와 옆머리를 짧게 잘랐음은 물론이다!

에스파냐인은 아스텍 사제들에게 이렇게 말했다. "우리 주님의 살인 이 빵을 먹으시오. 우리 주님의 피인 이 포도주를 마시시오." 사제들은 이 말을 대번에 이해했다! 아스텍인은 죽은 자의 힘을 얻기 위해 그 고기를 먹었다. 그러니 기독교 교리대로 빵과 포도주를 먹으면, 당연히 신의 힘을 얻지 않겠는가!

코르테스는 우호적인 부족의 사제들을 기독교로 개종시킨 다음, 아스텍의 막강한 황제 몬테수마가 있는 테노치티틀란으로 진격했다.

아스텍인을 놀라게 한 징조들

아스텍과의 싸움에서 승리를 거둔 쪽은 에스파냐였고, 그 역사를 기록한 것도 에스파냐인이었다. 역사 속의 승리자가 으레 그렇듯이, 그들은 역사적 사실을 조작했다. 자신들이 옳고, 적은 모두 잘못한 것으로 역사를 바꿔 놓았던 것.

에스파냐 역사책에는 몬테수마 황제가 터무니없는 미신과 징조들을 그대로 믿은 나머지, 자신의 제국을 망하게 한 나약하고 어리석은 인물로 나온다.

그런데 그 이상한 징조란 무엇이었을까? 여러분이 그 징조를 보거나 들었다면 어떻게 생각할까?

몬테수마는 주술사에게 사람을 보내 이러한 징조들이 무엇을 뜻하는지 물었다. 여러분이 주술사라면 뭐라고 설명할까?

새벽녘 하늘에 불의 혀가 나타났답니다!
바다에 집이 나타나더니, 암초 사이를 이리저리 피해 다녔대요!
모습은 사람인데 신처럼 행동하는 동물들이 뭍으로 올라왔는데, 얼굴이 희더랍니다!
상체는 사람, 하체는 사슴인 괴물들이 우리를 공격했어요!
번쩍이는 막대기가 불을 뿜자, 사람들이 죽었습니다!
주술사에게 가서 이 모든 것이 무엇을 뜻하는지 물어 보아라.

여러분이 똑똑한 주술사라면 이렇게 대답했을 것이다.

말씀드리죠, 폐하. 불의 혀는 바로 하늘에서
떨어지는 혜성입니다.
바다 위의 집은 사람들이 군함이라고
부르는 커다란 배입니다.
해변에 나타난 하얀 동물은 바다 건너
에스파냐라는 나라에서 온 사람들입니다.
반은 사람, 반은 사슴인 괴물은 말이라는
동물의 등 위에 사람이
올라탄 것입니다.
번쩍거리는 막대기는 총이라는 것으로,
위력은 대단하지만 마술은 아닙니다. 됐습니까?

여러분은 정답을 모두 알아맞혔는가? 아니라고? 쯧쯧! 그렇다면 아스텍 주술사들과 똑같은 신세가 될 수밖에! 주술사들은 징조를 제대로 알아맞히지 못한 벌로 잔혹한 고문을 당하며 고통 속에서 천천히 죽어 갔다.

더 나쁜 소식은 여러분처럼 똑똑한 사람도 설명할 수 없는 일이 또 벌어졌다는 것이다. 몬테수마는 다음과 같은 일을 겪었다고 말했다.

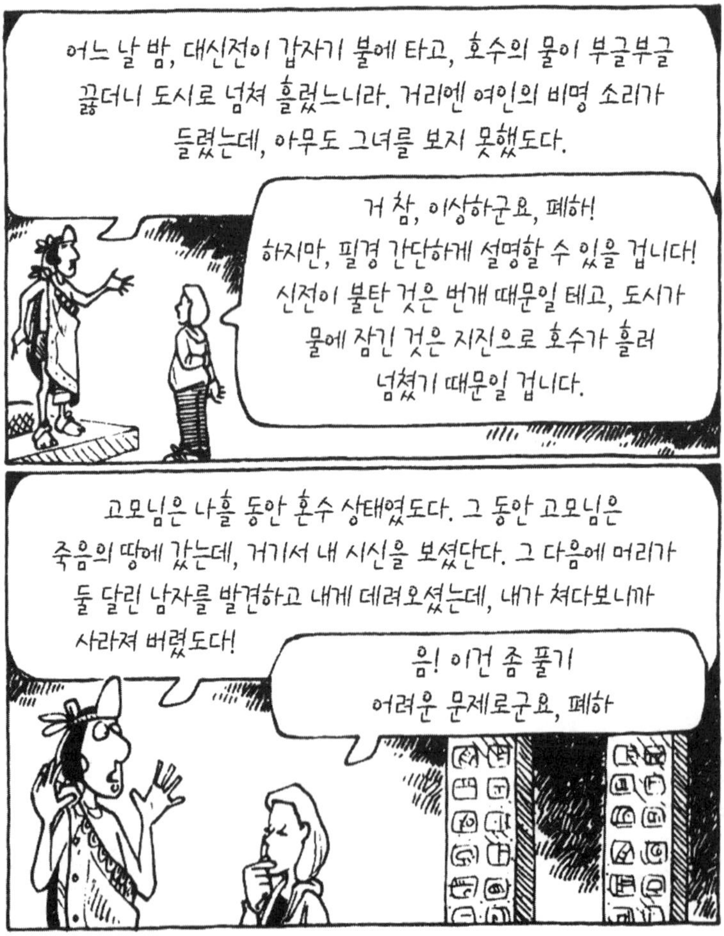

어느 날 밤, 대신전이 갑자기 불에 타고, 호수의 물이 부글부글 끓더니 도시로 넘쳐 흘렀느니라. 거리엔 여인의 비명 소리가 들렸는데, 아무도 그녀를 보지 못했도다.
거 참, 이상하군요, 폐하! 하지만, 필경 간단하게 설명할 수 있을 겁니다! 신전이 불탄 것은 번개 때문일 테고, 도시가 물에 잠긴 것은 지진으로 호수가 흘러 넘쳤기 때문일 겁니다.
고모님은 나흘 동안 혼수 상태였도다. 그 동안 고모님은 죽음의 땅에 갔는데, 거기서 내 시신을 보셨단다. 그 다음에 머리가 둘 달린 남자를 발견하고 내게 데려오셨는데, 내가 쳐다보니까 사라져 버렸도다!
음! 이건 좀 풀기 어려운 문제로군요, 폐하

더 이상한 것은, 마을 사람들이 새를 가져온 것이다.
내가 그 새의 이마를 보니 거울이 있었느니라. 한낮인데도 거울 속에 별들이 보였다. 다음 번에 내가 또 거울을 보니, 무장한 남자들이 사슴을 타고 있는 것이 보였도다! 자, 이게 무슨 뜻인지 설명하라! 못 하면, 죽을 것이다!
저…… 그렇다면 결론은 한 가지밖에 없습니다, 폐하! 아무래도 헛것을 보신 것 같은데요!

몬테수마에게 문제는 도와 줄 친구가 별로 없다는 것이었다. 틀락스카얀족은 아스텍을 증오했다. 그도 그럴 것이 아스텍은 100년 동안이나 그들을 노예로 삼고 제물로 희생시켜 왔으니까. 틀락스카얀족이 에스파냐측에 붙자, 코르테스의 소부대는 순식간에 5,000명으로 늘어났다.

사실, 몬테수마는 코르테스가 케찰코아틀 신이 아니라는 것을 알고 있었다. 그러나 몬테수마가 코르테스를 반가이 맞이한 이유는 그를 다른 위대한 왕이 보낸 사자로 믿었기 때문이다. 그러니 몬테수마가 코르테스를 귀중한 손님으로 환대한 것은 당연했다. 그런데 그 손님이 왕의 자리를 빼앗고, 몬테수마를 포로로 잡아 버렸으니, 정말 세상은 요지경이다!

공포의 도시

몬테수마는 코르테스가 적은 군대를 이끌고 해안에 상륙했다는 소식을 들었다. 황제는 코르테스와 침략자들을 수도인 테노치티틀란에서 몰아 내기 위해 온갖 노력을 기울였다. 황금으로 코르테스를 유혹도 해 보았고, 협박도 했으며, 암살도 시도했지만, 전부 실패했다.

결국에는 그냥 앉아서 에스파냐 정복자들이 오기를 기다릴 수밖에 없었다.

1519년 11월 8일, 에스파냐 군대는 둑길을 가로질러 테노치티틀란으로 들어와 아스텍 황제를 만났다.

당시 몬테수마가 했던 환영사는 코르테스가 직접 작성해 주었다.

나와 내 백성들이 애초부터 이 곳에서 살던 원주민이 아니라는 사실을 우리는 오래 전부터 알고 있었소. 우리는 이 도시가 원래 먼 곳에서 온 이방인의 것임을 알고 있소. 우리는 언젠가 도시의 주인이 돌아와 우리를 다스리게 될 것임을 언제나 알고 있었소. 이제 우리는 당신들에게 복종할 것이며, 우리가 가진 모든 것은 당신들의 것이오.
멋진 환영사요.

놀라운 뉴스였다! 황제가 스스로 제위에서 물러나다니! 에스파냐 군대는 몬테수마의 아버지가 살던 궁궐로 거처를 옮겼다. 궁궐은 병사들이 함께 지낼 수 있을 만큼 넓었다.

궁궐 주변의 경치는 아주 좋았지만, 에스파냐 인은 경치에 신경쓰지 않았다. 그들은 먼저 대피라미드에 올라가 내려다보았다. 타피아(Tapia)라는 에스파냐 인은 이렇게 기록했다.

피라미드의 꼭대기에는 가장 위대한 신을 모신 방이 있었다. 높이는 3미터쯤이었다. 신상은 씨앗을 곱게 갈아 가루로 만든 뒤, 어린아이들의 피를 섞어 반죽한 것으로 만들어졌다. 피라미드에서 일하는 사람은 5,000명이 넘었다. 이들은 한밤중에 일어나 몰래 피의 의식을 행했다. 제물의 입과 팔, 다리에서는 피가 흐르고, 그 피는 바닥으로 흘러 지푸라기를 온통 적셨다. 사람들은 그 지푸라기들을 장작불에 던져 넣었다.

베르날 디아스(Bernal Diaz)라는 에스파냐 인은 신전으로 들어가는 정문 옆에서 '해골 선반'을 보고 깜짝 놀랐다. 마치 모자를 포개 놓은 것처럼 해골들이 쌓여 있었다. 경사진 벽에는 수백 개의 해골을 넣고 시멘트를 발랐으며, 벽 위에는 70개의 장대가 꽂혀 있었는데, 장대 하나마다 십여 개씩 못이 박혀 있었다. 디아스는 계속해서 이렇게 기록했다.

못 하나에 해골이 다섯 개씩 걸려 있었다. 그렇게 따지면 셀 수 있는 것만 전부 13만 6,000개이다. 너무 많아 셀 수도 없는 벽면의 해골까지 합치면 엄청난 숫자였다.

그러나 에스파냐 인은 이 공포스런 도시에 또다른 공포를 만들어 냈다. 반란을 일으킨 주동자와 그의 아들들이 끌려왔을 때였다. 코르테스는 그들을 산 채로 불 속에 던져 넣으라고 명령했다.

멕시코 인은 심장을 꺼내는 모습은 익히 보아 왔다. 그렇지만 이 새로운 처형 장면을 보기 위해 수많은 사람들이 모여들었다. 모두들 숨을 죽이고 지켜보았다.

코르테스는 몬테수마보다 훨씬 더 심하게 도시를 공포 속으로 몰아넣었다. 아스텍 인은 큰 충격을 받았다.

아스텍 인의 분노

반역자의 화형을 본 아스텍 인은 코르테스에게 감히 대적할 엄두조차 내지 못했다. 그러나 에스파냐 인이 저지른 두 가지 실수 때문에 아스텍 인은 마침내 반란을 일으켰다.

첫째, 코르테스가 테노치티틀란에 있는 아스텍 신전을 찾아갔을 때의 일이다. 한 원주민 역사가는 이렇게 기록했다.

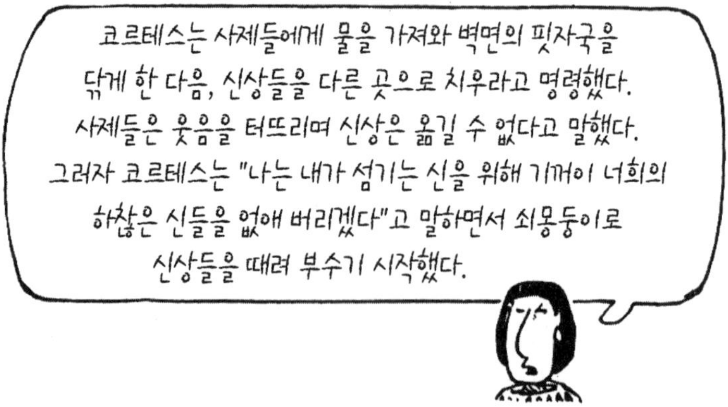
코르테스는 사제들에게 물을 가져와 벽면의 핏자국을
닦게 한 다음, 신상들을 다른 곳으로 치우라고 명령했다.
사제들은 웃음을 터뜨리며 신상은 옮길 수 없다고 말했다.
그러자 코르테스는 "나는 내가 섬기는 신을 위해 기꺼이 너희의
하찮은 신들을 없애 버리겠다"고 말하면서 쇠몽둥이로
신상들을 때려 부수기 시작했다.

사제들은 경악했고, 이 소식을 들은 아스텍 인은 격분했다. 분노한 아스텍 인은 그 후부터 에스파냐 인을 죽이려는 계획을 세웠다. 그들은 정복자들에게 신전에서 대축제를 열어도 되겠

느냐고 묻고, 병사들을 그 자리에 초청했다.

축제가 끝난 뒤 아스텍 인이 자기들을 죽이려 한다는 소문을 전해 들은 병사들은 먼저 선수를 쳤다. 한 원주민은 그 때의 상황을 이렇게 기록했다.

에스파냐 군대는 춤추는 아스텍 사람들의 무리 사이에 뛰어들어 북 치는 남자의 팔과 머리를 잘랐다. 그의 머리는 마룻바닥에 이리저리 굴러다녔다. 병사들은 춤추던 사람들을 칼로 베고 창으로 찔렀다. 일부는 만신창이가 되어 죽었다. 또한, 신전 위에 숨은 사람까지 찾아 내 밑으로 떨어뜨리자, 창자가 터져 나왔다. 도망가는 사람은 붙잡아 내장을 꺼내 질질 끌고 다녔으며, 내장으로 그 사람의 발을 꽁꽁 묶어 버렸다. 어떤 사람은 목이 잘렸다. 군인들은 목을 자른 다음, 머리를 산산조각냈다. 사람들은 살기 위해 안간힘을 썼지만, 달아날 구멍은 아무 데도 없었다.

이제 아스텍 인은 전열을 가다듬고 힘을 키워 에스파냐 군대를 공격했다. 아스텍 황제 몬테수마는 백성들에게 에스파냐 군대가 아스텍의 친구임을 알리려고 노력했다. 사람들은 그런 황제에게 돌을 던지고 불화살을 쏘았다. 몬테수마는 날아온 돌에 머리를 맞아 사흘 뒤에 숨을 거두었다.*

* 코르테스의 적들은 몬테수마가 더 이상 이용 가치가 없자, 코르테스가 그를 살해했다고 비난했다. 그것은 아마 사실이 아닐 것이다. 그러한 기록을 남긴 사람들도 그 시대에 살았던 것은 아니니까.

결국 격분한 아스텍인은 에스파냐 군대를 테노치티틀란에서 몰아 내고, 그 중 2/3를 살해했다. 또한, 많은 에스파냐 병사들은 훔친 황금을 지니고 호수를 건너려다가 몸이 너무 무거워 빠져 죽고 말았다.

이렇게 해서 에스파냐의 멕시코 정복은 여덟 달 만에 끝났다. 최소한 일시적으로는 끝났다.

즉석 퀴즈

코르테스의 부하 지휘관 중 한 명인 페드로 알바르도(Pedro Alvardo)는 적과 싸우면서 호수를 가로지르는 다리를 건너고 있었다. 그는 말을 탄 채 창을 휘두르며 싸웠다. 말이 죽자, 그는 창만 들고 싸움을 계속했다. 그런데 다리 중간이 끊겨 있었다. 사람의 힘으로 다리 저 쪽까지 뛰어넘기에는 너무 간격이 넓었다. 그 상황에서 알바르도는 어떻게 했을까?

답 : 창을 이용해 장대높이뛰기로 건넜다! 그 곳은 오늘날 멕시코시티의 외곽을 지나가는 도로의 일부분인데, 지금도 이 곳을 '알바르도의 도약대'라고 부른다.

엘파소

전쟁의 뒷이야기

그래도 코르테스는 아스텍의 보물을 포기하지 않으려 했다. 1521년에 그는 다시 돌아왔다.

이 날은 아스텍과 에스파냐 모두에게 역사적인 날이 되었다. 당시에 신문이 있었다면, 이 사건은 틀림없이 1면 톱 기사를 장식했을 것이다. 그 내용은 아마 이렇지 않았을까?

승전보!

1521년 8월 13일

태양 일보

가격
아직까지도
단돈 2페소

단독 입수!
황금을 찾아 나선 코르테스

황금의 나라 아스텍에 첫발을 디딘 지 겨우 2년 만에 정복자 코르테스(36)가 아스텍의 수도를 장악했다! 오늘 그의 용감한 부대는 수도 테노치티틀란에 입성했으며, 쿠아테목 황제를 체포했다. 테노치티틀란에서 93일 동안 계속된 전투 끝에 올린 쾌거이다.

전투는 아주 치열했으며, 코르테스는 부상을 입고 적군에게 잡혀 포로가 될 뻔했다. 때마침 올레아 대위가 나타나, 코르테스를 끌고 가던 적군의 팔을 베었다. 아스텍인은 코르테스를 생포해서 제물로 바칠 생각이었으나, 그것이 큰 실수였다. 그들이 그 자리에서 코르테스를 죽였더라면, 전세는 역전되어 에스파냐 군대가 패했을지도 모른다.

코르테스는 피곤한 기색이면서도 기뻐하며 이렇게 말했다. "병사들이 잘 싸워 주었습니다. 처음 왔을 때만 해도 우리는 이 곳이 이렇게 큰 줄 미처 몰랐습니다. 아마 알았더라면 일찌감치 포기했을 겁니다!"

에스파냐 군대가 용감히 싸

운 이유는 포로가 된 동료들이 어떻게 죽는지를 보았기 때문이다. 아스텍 인은 에스파냐 포로들을 피라미드 신전으로 끌고 가서 산 채로 심장을 꺼낸 다음, 시체를 처리할 사람이 기다리고 있는 계단 밑으로 차 버렸다.

향수병에 젖은 병사들도 코르테스의 말에 고개를 끄덕였다. 크리스토퍼 로비노 일병(24)은 웃으며 이렇게 말했다.

"우리는 모두 여기 오자마자 집에 가고 싶었어요. 하지만, 코르테스 장군님이 배를 전부 불태워 버리는 바람에 우리는 싸울 수밖에 다른 도리가 없었습니다. 숯이 된 배를 타고 돌아갈 수는 없잖아요?"

엄청난 아스텍 보물이 똑똑한 정복자들을 기다리고 있었으나, 병사들은 먼저 아스텍의 수도를 쓸어 버려야 했다. 한 특파원에 따르면, 아스텍 수도 테노치티틀란은 하나의 섬이며, 주변에 여러 개의 인공 섬이 있다고 한다. 도시의 인구는 약 20만 명이며, 제국 전역에서 테노치티틀란 시장으로 모여드는 사람이 6만 명이나 된다고 한다. 농부들은 나무와 진흙으로 만든 집에서 살고, 사제와 귀족은 멋진 석조 궁궐에서 산다.

도시 한가운데에는 무시무시한 공포의 기운이 감돌고 있다. 바로 중앙에 우뚝 솟은 피라미드 신전 때문인데, 신전의 벽은 밝은 색으로 칠해져 있다. 그러나 이 밝은 색은 다름 아닌 죽은 자의 핏자국이며, 한낮에 불어오는 죽음의 냄새는 참을 수 없는 역겨움을 불러일으킨다.

코르테스 장군은 테노치티틀란의 분위기를 일신하고, 끔찍한 아스텍 풍습을 바꿀 계획을 가지고 있다. 그는 원주민에게 기독교를 전파하고, 이

악마의 도시를 파괴할 생각이다. 그는 굳은 표정으로 이렇게 말했다. "원주민들이 기독교로 개종하지 않으면 그들에게 고통을 줄 것이며, 처형을 해서라도 개종시킬 겁니다. 그것만이 잔혹한 피의 의식을 끝내는 길입니다."

코르테스는 에스파냐 총독으로 임명되었고, 나라 이름도 뉴에스파냐로 바뀌었다. 이로써 아스텍은 역사에서 지워졌다. 에스파냐 군대는 테노치티틀란을 쑥밭으로 만들었고, 에스파냐 사제들은 아스텍 신상과 서적, 그림을 모두 없애 버렸다.

그러고 나서 코르테스는 자신의 부하인 프란시스코 데 몬테호(Francisco de Montejo) 장군을 보내 옛 마야 왕국에 남아 있던 부족들을 마저 정복했다. 1546년, 마야 북부의 도시들은 이 무서운 살인마들에게 무참히 짓밟혔으며, 무려 50만 명이 노예로 팔려 갔다. 이트사 부족은 밀림에 숨어 살면서 버텼다. 그러나 1697년, 에스파냐 군대는 멕시코에 다시 돌아와 마지막까지 남아 있던 이트사 부족을 정벌했다.

코르테스가 아스텍을 정복한 뒤에도 살육은 사라지지 않았다. 아스텍 농민들은 노예가 되어 에스파냐 침략자들을 위해 죽도록 일했다. 에스파냐인 이주민들은 아스텍 영토를 차지했고, 사제들은 아스텍인에게 기독교를 믿게 했다. 피로 얼룩진 피라미드는 전부 허물어 버리고, 아스텍인을 동원해 그 자리에 대성당을 지었다. 비록 피의 의식은 멈췄으나, 사람들은 여전히 죽음의 고통을 겪었다.

정복당한 정복자들

에스파냐 정복자들이라고 해서 모든 것을 자기 마음대로

다 하지는 못했다. 아스텍의 보물을 훔치는 일은 그 다음에 해야 하는 임무에 비하면 쉬운 것이었다. 약탈한 보물을 대서양 건너 에스파냐 왕에게 보내야 했던 것이다.

1523년, 뚱뚱하고 느릿느릿한 세 척의 배가 멕시코에서 출발했다. 정복자 코르테스는 이렇게 편지를 썼다.

> 여기 보내는 것들은 너무나도 놀라운 것들이라서 도저히 글로는 표현할 수가 없습니다. 직접 보지 않고서는 결코 이해할 수 없을 것입니다.

'놀라운 것들' 이란, 재규어와 퓨마, 설탕, 에메랄드, 황옥, 보석으로 장식된 가면, 아스텍 사제의 깃털 달린 망토, 알록달록한 마코앵무, 말하는 앵무새, 아스텍 노예, 반지, 방패, 투구, 화병, 돌 거울 등등 실로 다양했다. 진주만 해도 300 kg, 금 가루 220 kg, 금괴가 든 상자가 세 개, 그리고 은 덩어리가 든 가방들도 있었다.

그러나 그 보물들은 에스파냐에 도착하지 않았다. 그 이유는 에스파냐 병사가 쓴 선상 일기를 보면 알게 된다.

17일째	출항 후 2주 만에 11명의 선원이 뱃멀미로 죽었다. 악천후에다 배에는 물이 스며들고, 속도도 한없이 느리다.
24일째	어젯밤 폭풍으로 짐승 우리가 부서졌다. 재규어가 도망쳤다. 늙은 한 선원의 팔과 한 병사의 다리를 물어뜯었고, 또 한 사람의 어깨를 할퀴었다. 두 사람이 죽었다. 부서진

우리 안에 있는 나머지 재규어들은 총으로 쏘아 죽였다.

87 일째 아조레스 제도에 도착했다. 키코네스 대장이 병사들을 이끌고 해안가에 정찰을 나갔다가 섬에서 만난 여자 이야기로 언쟁을 벌이며 돌아왔다. 병사들은 단도로 대장의 머리를 잘랐다. 몸뚱어리는 상어 밥으로 내던졌고, 갑판 위에 흐른 두뇌는 바닷물로 씻었다.

133 일째 프랑스 해적이 배 두 척을 빼앗아 갔다. 이제 남은 것은 이 배뿐이다. 싸우려고 했지만, 바다에서 몇 개월 지내다 보니 화약을 쓸 수가 없었다. 카를로스 왕이 몹시 화를 내겠지.

카를로스 왕은 과연 불같이 화를 냈다. 그 후 200년 동안 바다에는 해적선이 독수리처럼 숨어 있다가 지나가는 에스파냐 배를 습격해 보물을 강탈해 가는 일이 자주 일어났다.

선생님을 곯려 주는 질문

이제 여러분은 아스텍에 관해 선생님보다 많이 알게 되었으니, 선생님을 괴롭혀 드릴 수 있다. 아니, 돌칼로 심장을 꺼내라는 건 아니다. 다음의 까다로운 문제들을 내어 선생님의 뇌 세포에 고통을 주라는 이야기이다(차마 선생님께 그러지 못하겠다면, 대신 부모님을 괴롭힐 수도 있다. 부모님도 싫다고 도망가시면? 할 수 없지 뭐. 여러분 자신이나 괴롭힐 수밖에!).

1. 사제가 제물의 심장을 꺼낼 때, 어떤 칼을 썼을까?

a) 유리 칼

b) 청동 칼

c) 금칼

2. 케찰코아틀이란 이름은 무슨 뜻?

a) 수염 난 백인

b) 석영으로 장식한 코트

c) 털 달린 뱀

3. 아스텍 이전에는 톨텍이 있었고, 톨텍 이전에는 올멕이 있었다. 올멕 족은 어떤 사람들로 알려져 있었을까?

a) 고무족

b) 초록 원숭이족

c) 선인장 가시족

4. 아스텍 어린이들은 들에 나가 무언가를 주워 오는 일을 했다. 무엇을 주웠을까?

a) 딸기

b) 딱정벌레

c) 박쥐 똥

이것 봐! 딱정벌레가 딸기와 함께
박쥐 똥에 빠져 있어!

5. 아스텍 인은 입는 옷이 정해져 있었다. 빈민층은 초라한 옷을 입었지만, 부유층은 고급 옷을 입었다. 만약 빈민층 사람이 잠깐이라도 고급 옷을 입다가 걸리면 어떤 벌을 받았을까?

a) 사형

b) 옷을 벗긴다.

c) 그 사람의 집을 때려 부순다.

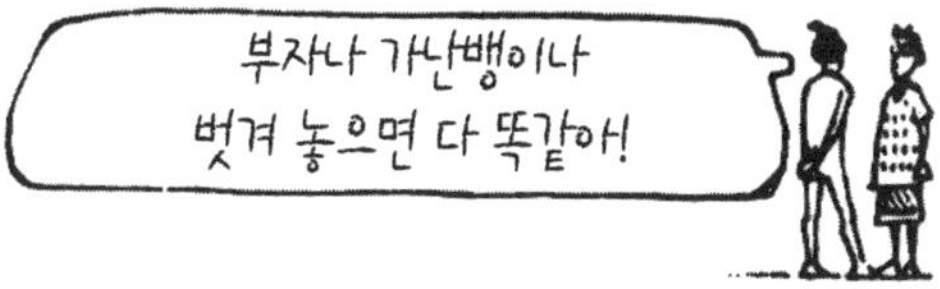
부자나 가난뱅이나
벗겨 놓으면 다 똑같아!

6. 아스텍 인은 에스파냐 정복자들에게 신전에서 축제를 지내도 좋은지 물었다. 에스파냐 군대는 이를 승낙했다. 그런데 아스텍 인이 신전에 도착했을 때, 무슨 일이 일어났을까?

a) 기독교 사제의 설교를 들었다.

b) 이제부터 신전에서는 피의 의식을 금한다는 말을 들었다.

c) 학살당했다.

7. 아스텍 상인들은 돈도 많이 벌고, 좋은 옷을 입었다. 그러나 황제는 이를 못마땅하게 여겼다. 그러자 상인들은 어떻게 했을까?

a) 입고 있는 좋은 옷 위에 무늬 없는 흰 천을 발목 아래까지 뒤집어썼다.

b) 양면 옷을 입었다. 평소에는 화려한 쪽을 바깥으로 드러내 입다가 황제가 나타나면 재빨리 뒤집어 입었다.

c) 밤에만 살금살금 다녔다. 그래서 다른 사람들이나 황

제의 눈에 띄지 않았다.

8. 멕시코에 상륙한 에스파냐 군대는 마을과 시골의 길가에 작은 움막이 있는 것을 보았다. 사람들은 끊임없이 움막으로 들어갔고, 몇 분씩 있다 나오곤 했다. 과연 이 움막의 용도는 무엇이었을까?

a) 공중 화장실

b) 복권 판매소

c) 옥수수 술을 파는 술집

9. 아스텍 인은 어떻게 이를 닦았을까?

a) 선인장 가시를 이쑤시개로 사용했다.

b) 껌을 씹었다.

c) 돌 가루를 크림에 섞어 치약을 만들었다.

10. 에스파냐 군대는 아스텍에 황금이 많다는 사실을 알고, 아스텍인을 속여 금을 빼앗기로 했다. 어떤 말로 속였을까?

a) 황금을 가난하고 굶주린 원주민에게 나눠 주겠다.

b) 사냥에 사용할 수 있는 총을 주겠다.

c) 황금이 있어야만 당신들의 병을 고칠 수 있다.

답 :

1. a) 사제의 칼은 화산의 용암이 굳어서 생긴 천연 유리로 만들었다. 흑요석이라 부르는 이 유리는 광택이 나며, 아주 아름답다. 지금은 보석으로 친다.

이것 봐.
정말 예쁜 칼이지?

2. c) 케찰코아틀은 털 달린 뱀을 뜻한다. 그런데 아스텍인은 왜 에스파냐 군대를 털 달린 뱀으로 착각했을까? 그들은 아마 눈이 나빴던 모양이다. 그러니 에스파냐 군대가 그렇게 쉽게 그들을 무찌른 것도 당연한 일이다!

3. a) 올멕족이 고무 장난감을 좋아해서 고무족이란 이름이 붙은 것은 아니다. 그들이 살던 곳에는 고무나무가 많았기 때문에 나중에 이 지역을 점령한 톨텍족이 그렇게 불렀다. 올멕족이 자기들끼리 어떻게 불렀는지는 아무도 모른다.

4. b) 아스텍의 어린이들은 선인장에 살고 있는 딱정벌레 암컷들을 모았다. 그렇게 잡은 딱정벌레를 갈아서 코치닐이라는 붉은색 염료를 만들었다. 에스파냐인 침략자들이 이 방법을 유럽에 전파하여 코치

닐은 지금까지도 식용 색소로 사용되고 있다. 1kg의 염료를 만들려면 무려 15만 마리의 딱정벌레가 필요했다. 호랑이는 죽어서 가죽을 남기고, 딱정벌레는 죽어서 물감을 남긴 셈이다.

5. c) 천한 농부의 신분으로 귀족 흉내를 내다가 잡히면 처음에는 그 사람의 집을 때려 부쉈다. 그러나 또다시 걸리면, 그 때에는 사형에 처했다. 여러분이 교복을 안 입으면 혼나는 것과 비슷하지?

세탁소로 가져가던
중이라고요. 정말이에요!

6. c) 에스파냐 인은 그들을 죽였다. 앞에서 본 것처럼 그 일 때문에 아스텍 인은 더욱 화를 내게 되었고, 더욱 열심히 싸워 에스파냐 군대를 몰아 내게 된다.

7. c) 장사를 마친 상인들은 어두워진 후에야 거리를 돌아다녔다. 또 다른 방법은 아주 초라하고 궁색한 옷차림으로 다니는 것이었다. 상인들은 돈이 많을수록 더 성대한 연회를 귀족들에게 베풀어 주어야 했다. 뿐만 아니라, 연회에 참석한 손님들에게 귀한 선물도 주고, 제물로 바칠 만한 최상품의 노예를 사다 바치기도 했다. 자기가 모든 선물을 사서 자기 생일 잔치를 여는 셈이니 기가 막혔겠지!

8. a) 아스텍 인은 밭에 거름을 주기 위해 인분이 필요했다. 그래서 사람들로 하여금 공중 화장실을 사용하도록 장려했다. 화장실에서 사람들이 떨어뜨린 분뇨는 바로 아래로 떨어져서 토양을 기름지게 하고, 호박과 옥수수가 잘 자라도록 해 주었다. 그렇다고 공포에 떨 필요는 없다. 지금 여러분이 먹는 옥수수는 인분으로 기른 게 아니니까. 아마 몇 가지 화학 약품과 제초제, 농약은 들어갔을 테지만 말이다. 사람들도 머리가 있지, 세월이 얼마나 지났는데 아스텍 시대의 기술을 그대로 쓰겠어?

9. b) 아스텍 인은 몇 종류의 나무와 식물에서 뽑아 낸 유액으로 치클

껌을 만들어 씹었다. 오늘날에도 이런 방법으로 껌을 만든다. 세월이 흘러도 변하지 않는 것도 있는 법! 아스텍인도 공공 장소에서 껌을 씹는 것을 꺼렸다는 점이다. 특히, 껌을 크게 소리내서 씹거나 풍선을 불어 터뜨리는 사람은 지탄의 대상이 되었다. 오늘날 교실에서 그렇게 껌을 씹으면 선생님한테 혼나는 것과 마찬가지이다.

10. c) 애석하게도, 아스텍인은 유럽에서 건너온 질병을 금을 이용해 고칠 수 있다는 이야기를 정말로 믿었다. 황금으로 어떤 병을 치료할 수 있을까? 황금에 눈이 어두운 병?

아스텍 이야기를 끝내며

어떤 역사학자들은 이렇게 아스텍을 옹호하기도 한다. "아스텍인은 폭력의 시대에 살았기 때문에 살아남기 위해서는 어쩔 수 없이 잔혹해질 수밖에 없었다."

물론 아스텍 제국이 처음 일어설 때에는 그랬을지도 모른다. 그렇지만 그들은 점점 잔혹함을 즐기기 시작했다. 바로 그 점은 용서받기 어렵다. 결국 그들은 피로써 망했다.

티소크 황제는 피의 의식을 위해 테노치티틀란의 피라미드에서 스무 명의 전사를 죽여야 했다. 그러나 황제는 자신의 전사들 대신 멕시코의 다른 부족들을 공격해서 대량 학살을 저질렀다. 심지어 멕시코 세 부족의 모든 남자들을 제물로 삼기도 했는데, 그 수는 무려 2만 명이나 되었다.

사로잡힌 사람들은 자신의 피로 몸에 독수리 깃털을 붙인 채 아스텍의 수도로 끌려갔다. 그리고는 피라미드에서 모두 처형되었다. 먼저 아스텍인이 그들을 죽인 다음, 사제에게 넘겼다. 처음에는 제물을 바친 뒤에 사람들이 그 고기를 먹었다. 그러나 제물의 수가 너무 많아지자, 죽은 시체를 그냥 늪에 갖다 버렸다.

신들이 이걸 알아 줄까?
피 냄새가 하늘을 찌를 텐데, 왜 모르겠어?

다른 멕시코 부족들은 공포에 떨었다. 그러나 동시에 그들은 아스텍을 증오하게 되었다. 지금은 죽은 듯이 웅크리고 있지만 언젠가 때가 오면 이 극악무도한 무리를 쓸어 버리리라 생각했다.

기다리던 때는 에스파냐인의 도착과 함께 찾아왔다. 만약 아스텍인이 멕시코의 모든 부족과 우호적인 관계에 있었더라면, 힘을 합쳐 에스파냐인 침략자를 물리칠 수 있었을 것이다. 그러나 다른 부족들은 오히려 아스텍을 공격하는 데 합류하였다. 뜻밖의 행운을 얻은 에스파냐 군대는 고맙다는 말 한마디 없이 테노치티틀란을 손쉽게 점령했다.

어느 아스텍 시인은 이렇게 탄식했다.

창은 부러져 길 위에 뒹굴고,
우리는 슬픔으로 머리를 쥐어뜯는구나.
집의 지붕은 간 데 없고,
벽은 피로 물들었네.

거리와 광장에는 벌레들만이 떼지어 몰려들고,
벽에는 엉겨붙은 핏덩이.
물감을 풀어 놓은 듯 물결은 온통 붉은빛인데,
물을 한 모금 마셔 보니
짠맛이 나는구나.

사람들은 절망에 겨워
손으로 땅과 벽을 치며 운다.
도시는 사라지고 우리의 삶도 사라졌네.
전사들이 남기고 간 방패를 들어 봐도
우리의 생명을 지켜 주지는 못하리.

끔찍한 핏자국으로 얼룩진 테노치티틀란의 피라미드는 500통의 화약으로 깨끗이 파괴되었다. 피라미드가 있던 자리에는 기독교 성당이 들어섰다. 그렇다면 그 다음에는 고통받던 멕시코 사람들을 편하게 해 주는 조처들이 뒤따라야 했을 것이다. 그러나 역사의 흐름은 결코 해피 엔딩을 허락하지 않았다.

아스텍의 노예가 되어 죽도록 일해야 했던 멕시코 사람들은 이제 또다시 에스파냐 침략자의 노예가 되어 죽도록 일해야 했다. 그들은 아스텍 인에게 조금이라도 세금을 늦게 바치면 제물로 희생되었다. 그런데 이제는 에스파냐 인에게 세금을 늦게 바치면 불에 타 죽게 되었다.

이러나저러나 그들의 팔자는 변한 것이 없었다.

아스텍 놈들이 우리 엄마를 죽였어!
우리 엄마는 에스파냐 놈들에게 죽었어!
참 기구한 팔자로군.

마침내 멕시코 남부에서 반란이 일어났다. 그들은 에스파냐 기병을 막기 위해 날카로운 꼬챙이들을 꽂은 구덩이를 파 놓았다. 그러나 그들은 모두 붙잡혀 자신들이 만든 그 구덩이 속으로 들어가야 했다.

다른 지역에서 일어난 반란자들은 손목이 잘렸으나 목숨만은 건졌다. 에스파냐 군대는 반란자의 손을 목에 걸어 주면서 이렇게 말했다. "가서 반역자는 어떻게 되는지 보여주어라." 그들이 아스텍 인을 야만인이라 부를 자격이 있을까?

멕시코 사람들은 죽음을 아름답게 생각했다. 다음은 고대 아스텍 언어인 나우아틀어로 쓴 시이다.

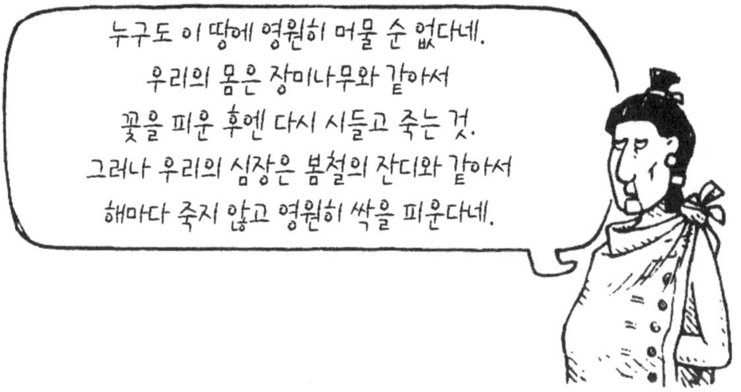
누구도 이 땅에 영원히 머물 순 없다네.
우리의 몸은 장미나무와 같아서
꽃을 피운 후엔 다시 시들고 죽는 것.
그러나 우리의 심장은 봄철의 잔디와 같아서
해마다 죽지 않고 영원히 싹을 피운다네.

사람은 태어났다가 죽는다. 나라도 마찬가지이다. 올멕도, 톨텍도, 아스텍도 모두 그랬다.

만약 고대 멕시코의 전설이 사실이라면, 지구도 결국 죽을 것이다. 그 날짜는 2012년 12월 22일로 예정돼 있다.

과연 그 날, 종말이 닥칠까? 그러나 역사에는 전혀 옳지 않은 이야기도 많다. 우리로서는 그냥 기다려 볼 수밖에.

2012년이라고?
하늘이 무너져도 솟아날
구멍은 있는 법!

앗, 시리즈(전 70권)

앗, 이렇게 재미있는 수학이!

어렵고 지루했던 수학이 순식간에 쉽고 즐거워집니다.
수학의 기초 원리에서부터 응용까지, 다양한 정보와
교양을 골라서 일목요연하게 정리해 줍니다.

01 수학이 모두 모여 수군수군
02 수학이 수리수리 마술이
03 수학이 수군수군
04 수학이 또 수군수군
05 수학이 자꾸 수군수군 1. 셈
06 수학이 자꾸 수군수군 2. 분수
07 수학이 자꾸 수군수군 3. 확률
08 수학이 자꾸 수군수군 4. 측정
09 대수와 방정맞은 방정식
10 도형이 도리도리
11 섬뜩섬뜩 삼각법
12 이상야릇 수의 세계
13 수학 공식이 꼬물꼬물
14 수학이 꿈틀꿈틀

여기서
셈이란 건
더하기, 빼기,
곱하기, 나누기를
말하는 거야.
자, 이제 계산해 봐!

제발 지구 온난화를
막아 주세요!

앗, 시리즈(전 70권)

앗, 이렇게 재미있는 과학이!

어렵고 지루했던 과학이 순식간에 쉽고 즐거워집니다.
복잡한 현대 과학의 기초 원리에서부터 응용까지
다루고 있으며, 다양한 정보와 교양을 골라서
일목요연하게 정리해 줍니다.

15 물리가 물렁물렁
16 화학이 화끈화끈
17 우주가 우왕좌왕
18 구석구석 인체 탐험
19 식물이 시끌시끌
20 벌레가 벌렁벌렁
21 동물이 뒹굴뒹굴
22 화산이 왈칵왈칵
23 소리가 슥삭슥삭
24 진화가 진짜진짜
25 꼬르륵 뱃속여행
26 두뇌가 뒤죽박죽
27 번들번들 빛나리
28 전기가 찌릿찌릿
29 과학자는 괴로워?
30 공룡이 용용 죽겠지
31 질병이 지끈지끈
32 지진이 우르쾅쾅
33 오싹오싹 무서운 독
34 에너지가 불끈불끈
35 태양계가 티격태격
36 튼튼탄탄 내 몸 관리
37 똑딱똑딱 시간 여행
38 미생물이 미끌미끌
39 의학이 으악으악
40 노발대발 야생동물
41 뜨끈뜨끈 지구 온난화
42 생각번뜩 아인슈타인
43 과학 천재 아이작 뉴턴
44 소름 돋는 과학 퀴즈

이거 상당히
놀랄 만한
이론인데!

앗, 시리즈(전 70권)

앗, 이렇게 재미있는 사회・역사가!

어렵고 지루했던 사회·역사가 순식간에 쉽고 즐거워집니다. 사회·역사와 담을 쌓았던 친구들에게 생생한 학습 의욕을 불어넣어 줄, 꼭 필요한 정보와 교양만을 골라서 일목요연하게 정리해 줍니다.

45 바다가 바글바글
46 강물이 꾸물꾸물
47 폭풍이 푸하푸하
48 사막이 바싹바싹
49 높은 산이 아찔아찔
50 호수가 넘실넘실
51 오들오들 남극북극
52 우글우글 열대우림
53 올록볼록 올림픽
54 와글와글 월드컵
55 파고 파헤치는 고고학
56 이왕이면 이집트
57 그럴싸한 그리스
58 모든 길은 로마로
59 아슬아슬 아스텍
60 잉카가 이크이크
61 들썩들썩 석기 시대
62 어두컴컴 중세 시대
63 쿵쿵쾅쾅 제1차 세계 대전
64 쾅쾅탕탕 제2차 세계 대전
65 야심만만 알렉산더
66 위풍당당 엘리자베스 1세
67 위엄가득 빅토리아 여왕
68 비밀의 왕 투탕카멘
69 최강 여왕 클레오파트라
70 만능 천재 레오나르도 다 빈치

위대하다고?
난 완벽한
전설이야!